Marius Rappo –
die Welt
im Kleinen

:Haupt

Marius Rappo – die Welt im Kleinen

Historische Modelle
und ihre Geschichten

Werkkatalog

Regula Rappo-Raz | Martina Desax

Haupt Verlag

Inhalt

- 6 **Vorwort** Andres Furger
- 8 **Von der Münze ins Museum: Architekturmodelle als Symbol, Entwurf und Quelle** Hans-Peter Wittwer
- 12 **Standort der Modelle**
- 14 **Gallorömischer Tempel**
- 18 **Munimentum prope Basiliam**
- 26 **Murus Gallicus**
- 34 **Basel vor 3000 Jahren**
- 38 **Modell der Rheinbrücke mit Pfahlramme**
- 44 **Bronzezeitliche Siedlung Padnal/Savognin**
- 52 **Wüstung Gonda**
- 56 **Römische Mannschaftsbaracke**
- 64 **Festungsbau Breisach am Rhein**
- 66 Festungsbau Breisach am Rhein **Modell 1: Arbeiten am Fundament**
- 74 Festungsbau Breisach am Rhein **Modell 2: Bau des Hauptwalls**
- 82 Festungsbau Breisach am Rhein **Modell 3: Neutor**
- 88 **Gold der Helvetier**
- 90 Gold der Helvetier **Modell 1: Goldgewinnung**
- 96 Gold der Helvetier **Modell 2: Goldverarbeitung**
- 102 Gold der Helvetier **Modell 3: Münzprägung**
- 108 Gold der Helvetier **Modell 4: Weihe an die Götter**
- 114 **Schloss Staufenberg**
- 122 **Habsburg**
- 128 **Bauplatz Schloss Prangins um 1738**
- 132 **Ein Schloss, in Basel gebaut** Martin Hicklin
- 140 **Autorenangaben**
- 141 **Bildnachweis**
- 142 **Dank**
- 144 **Impressum**

Vorwort

Sommer 1981: Marius Rappo tauscht in seinem Atelier in der alten Basler Kaserne mit dem Kantonsarchäologen Ideen aus, wie Modelle vormittelalterlicher Bauten in Basel aussehen könnten. Was war vorausgegangen?

1971 werden an der Rittergasse in Basel überraschend Reste der keltischen Stadtmauer aus dem 1. Jh. v. Chr. entdeckt. Die Grabung leitet der damalige Kantonsarchäologe Rudolf Moosbrugger, der Schreibende ist als Student dabei. Schon 1973 wiederholt sich das Entdeckerglück: In Kleinbasel wird unerwartet das Fundament einer 374 n. Chr. erbauten mächtigen römischen Befestigungsanlage freigelegt. Der als ehemaliger Lehrer didaktisch versierte Kantonsarchäologe bekommt in der Folge den Auftrag, die neue archäologische Dauerausstellung des Historischen Museums Basel zu planen. Dafür sieht er grossformatige Modelle wichtiger Bauten aus der Zeit der Kelten und Römer vor und denkt spontan an den Künstler Marius Rappo. Ihn hatte er Jahre zuvor bei einem Studienaufenthalt am Istituto Svizzero in Rom schätzen gelernt. Das Istituto hat die Intention, den Austausch zwischen Wissenschaftlern und Künstlern zu fördern, was in diesem Fall voll und ganz gelingt: Hier der an antiker Vermessung interessierte Forscher, dort der ursprünglich als Vermessungszeichner ausgebildete Künstler, der mit Goldschmiedearbeiten auch die Kunst im Kleinen beherrscht. Sie befruchten sich gegenseitig.

Marius Rappo nimmt den unerwarteten Auftrag an und wirft sich mit Verve in die für ihn neue Aufgabe. Das erlebt der Schreibende als für den keltischen Teil der neuen Ausstellung zugezogener Archäologe aus nächster Nähe. Vom Ganzen her denkend, entstehen zunächst Grundrisspläne mit akribisch recherchierten Details. Das erste Modell zum gallorömischen Tempel von Riehen ist noch eher konventionell in der Art bekannter Architekturmodelle konzipiert. Bei den zwei heute noch in der Barfüsserkirche ausgestellten Modellen «Murus Gallicus» und dem spätrömischen «Munimentum» aber geht der Künstler einen neuen Weg; sie werden mit zahlreichen Kleinfiguren in Bewegung belebt. Auch dank eines Kniffs wirken die Modelle nicht statisch, sondern dynamisch; an einer Ecke wird noch vermessen, dann das Fundament ausgehoben und anderswo schon in die Höhe gebaut. So kann man an jedem Modell den komplexen Bauvorgang und die Innenstruktur der Bauwerke ablesen.

Das Publikum staunt über das Resultat, die Fachwelt auch. Aufträge aus Deutschland und der Schweiz folgen. Als der Schreibende von Basel ans Landesmuseum in Zürich wechselt und 1990 die Sonderausstellung über das «Gold der Helvetier» plant, zeigt sich der Künstler spontan bereit, vier Modelle zum Goldwaschen und Herstellen vom Goldschmuck sowie zur Münzprägung und Opferung anzufertigen. Die einfühlsam gestalteten Szenen, jetzt mit grösseren und im Mittelpunkt stehenden Figuren, wandern durch die ganze Schweiz sowie nach Frankfurt a. M. und begeistern die Besucherinnen und Besucher. Marius Rappos Meisterstück wird schliesslich das 1998/99 entstandene, riesige Modell des Schlosses Prangins im Bau. Es kann bis heute in diesem westschweizerischen Sitz des Nationalmuseums am Genfersee bestaunt werden.

Die beeindruckende Modellserie verlangt während fast 20 Jahren dem Künstler seine ganze Kraft und Kreativität ab, inspiriert aber auch sein späteres Schaffen. Kein Wunder, haben er und seine Frau Regula Rappo-Raz sich jetzt in einer Phase der Rückschau entschlossen, diesem Abschnitt eines Künstlerlebens eine Wanderausstellung und ein Buch zu widmen. Äusserer Anlass war der durch ein Renovationsprojekt bedingte Umzug des fünfzig Jahre lang betriebenen Ateliers in der Basler Kaserne. So eine Räumung kommt bei einem akribisch arbeitenden Kreativen fast einer archäologischen Grabung gleich. Denn der ganze Prozess seines Schaffens und Ringens um die richtigen Lösungen wurde – archäologischen Schichten gleich – in Mappen, Schachteln und Schubladen säuberlich abgelegt. Die instruktivsten Dokumente und Objekte hat er für dieses Buch herausgesucht und dokumentiert. Dafür entwarf Marius Rappo schliesslich auch neue kleine Räume und Auszüge in ausgeklügelt strukturierten Kisten, die in Museen und öffentlich zugänglichen Häusern als Wanderausstellung zur Schau gestellt werden können.

Der Inhalt dieses Buches zeigt die Hintergründe und Etappen des Werdeganges der kleinen Lebenswelten von Marius Rappo ebenso auf wie seine fertigen Modelle, die er zu Recht als künstlerische Kompositionen versteht. Er verschafft mit dieser angewandten Kunst Jung und Alt einen bleibenden und lebendigen Zugang zu wichtigen Stationen des kulturellen Erbes der Schweiz.

Dr. Andres Furger
Archäologe und Historiker

1975 – 1981 Assistent in Lehre und Forschung an der Universität Basel, Seminar für Ur- und Frühgeschichte
1972 – 1988 Ausgrabungen in Frankreich und in der Schweiz
1981 – 1986 Konservator und Vizedirektor am Historischen Museum Basel
1987 – 2006 Direktor der Museengruppe Schweizerisches Landesmuseum mit Hauptsitz in Zürich
2011 – 2014 Direktor des Alimentariums in Vevey, einer Nestlé-Stiftung

1981 – 1975 v. Chr.: Modell eines Kornspeichers mit Erntearbeitern und Schreibern. Holz, Gips, Leinen bemalt, 75 x 56 x 36,5 cm. Die Aufmerksamkeit der Modellbauer galt der Darstellung der – in der Höhe rund 20 cm messenden – Figuren und ihrer Tätigkeit. Die Wiedergabe der Architektur beschränkt sich auf ein paar Andeutungen.

Von der Münze ins Museum: Architekturmodelle als Symbol, Entwurf und Quelle

Ägypten

Aus allen Kulturen und Zeiten sind Kleinplastiken oder Gebrauchsgegenstände überliefert, die in den unterschiedlichsten Materialien und mit den verschiedensten Zwecken in der einen oder anderen Form architektonische Elemente aufgreifen und wiedergeben. Als die ältesten bekannten Zeugnisse für die Darstellung von Gebäuden in kleinem Massstab gelten jedoch die rund 4000 Jahre alten Modelle aus Ägypten. Sie wurden in Gräbern entdeckt und zeigen kleine Behausungen, in denen Menschen unterschiedlichen Tätigkeiten nachgehen. Welche Aufgaben diesen Modellen zufielen, ist nicht klar. Uns ermöglichen sie einen Einblick in die damalige Lebensweise, und kunsthistorisch können sie dem Genre, also der Darstellung des Alltäglichen, zugeordnet werden. Das Interesse ihrer Erbauer galt eindeutig den Figuren, Architektur wird in ihnen bloss angedeutet: hier eine Treppe, dort ein Fenster oder ein Dach. Im Grunde genommen sind es offene Holzkisten, in die der Betrachter von oben hineinschaut.

Das Modell als Symbol

Im europäischen Hochmittelalter wird die Darstellung von Stiftern mit Architekturmodellen im gesamten christianisierten Gebiet zu einem weit verbreiteten Motiv. Als ihre Vorläufer können wir die kleinasiatischen Münzen des 3. Jh. n. Chr. ansehen, die einen römischen Kaiser mit den Gottheiten einer Stadt und dem Modell eines Tempels zeigen. Sie werden als Zeugnisse für die Neokorie gedeutet, das heisst, sie verbildlichen das vom römischen Senat ausgewählten Städten verliehene Privileg, einen dem Kaiser-Kult geweihten Tempel zu errichten. An diesen Szenen hervorzuheben ist, dass der Kaiser das Modell entgegennimmt und, da die Imperatoren in der spätantiken Zeit göttlichen Status genossen, die Gottheiten hier unter sich sind.

Im 6. Jh. sind Darstellungen, in denen Modelle von Kirchen vorgewiesen werden, in den Gebieten von Rom, Ravenna, Istrien und Palästina weit verbreitet. Anzutreffen sind sie jeweils in den Apsiden über dem Altar, und sie zeigen, vom Zentrum her hierarchisch nach links und rechts absteigend, mehrere Heilige zu einer Reihe aufgestellt. Der Träger des Modells ist der einzige Irdische dieser Darstellungen, und das verkleinerte Bauwerk, das er wie ein Attribut präsentiert, gibt ihm das Recht, sich wenigstens an den

Rand einer Szene zu stellen, die eigentlich im Himmel spielt. Aber auch das erschien den Theologen später als zu vermessen: Ab dem 11. Jh. werden die Modelle überbringenden Personen unterhalb der Hauptszene angeordnet oder massstäblich stark verkleinert. Auffällig sind die Darstellungen, in denen das Modell die Verkleinerung nicht mitmacht, sondern in seiner Grösse weiterhin auf die Heiligen ausgerichtet wird. Da das architektonische Modell zum Zeichen des Respekts auf verhüllten Händen getragen und in seiner Form nicht einem konkreten Bau angeglichen wird, können wir davon ausgehen, dass es bis weit ins Mittelalter hinein als Attribut für die Übernahme eines Amts verstanden wird und nicht als plastischer Entwurf für ein bestimmtes Bauwerk. Diese Funktion erhalten die in der Malerei oder in der Bildhauerei dargestellten Modelle erst mit der beginnenden Neuzeit.

Das Modell als Entwurf

Als es zur Jahrtausendwende hin zu einer Verbindung der römischen Kaiser deutscher Nation, der Ottonen, mit dem byzantinischen Kaiserhaus kam, erhielt ein oströmischer Typus neues Gewicht: Ein direkter Austausch zwischen dem Träger des Modells und Maria oder Christus findet – ohne das Dazwischentreten weiterer Heiliger – statt. An den Anfang dieser Tradition ist das Mosaik der Hagia Sophia zu setzen, auf dem zwei Kaiser mit je einem Modell vor der Madonna zu sehen sind: Justinian mit einem Modell der Kirche, Konstantin mit einem Modell der Stadt. Anhand einer ottonischen Elfenbein-Tafel, die sich heute im Metropolitan Museum of Art in New York befindet, ist noch eine weitere wichtige Änderung zu beobachten: Der Kaiser lässt sich in einer Haltung zeigen, die aus den Darstellungen der Drei Heiligen Könige bekannt ist. Dadurch wird offensichtlich, dass er das Modell überreicht und nicht – wie auf den kleinasiatischen Münzen – erhält oder wie in den Beispielen aus dem Mittelmeerraum als Attribut vorweist. Da der Kaiser mit der Anerkennung des christlichen Glaubens seine Stellung als oberste Gottheit aufgegeben hat, erscheint es auch wahrscheinlicher, dass er sich das Modell nicht mehr von einer heiligen Person darbringen lassen kann. Mit dieser neuen Darstellungsform erhalten die verkleinerten Bauwerke auch eine neue Aufgabe: Sie sind nicht mehr Symbol für ein Amt, sondern plastischer Entwurf für ein Bauvorhaben, und als das sollen sie auch erkannt werden. Dem Wunsch nach einer formalen Übereinstimmung zwischen präsentiertem Modell und zu realisierendem Gebäude kam auch die Neigung des späten Mittelalters zur detailtreuen Darstellung der Dingwelt entgegen. Und schliesslich ist auch die neue Stellung in Erinnerung zu rufen, die das Architekturmodell im Baubetrieb der beginnenden Neuzeit erhielt.

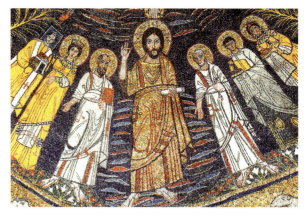

Apsismosaik Santa Cecilia, Rom, 817–824: Der auferstandene Christus mit Paulus, Cecilia und Papst Paschalis I. zu seiner Rechten, Petrus, Valerianus und Agathe zu seiner Linken. Beispiel für eine mehrfigurige Szene mit einem modelltragenden Geistlichen, der am Rand dargestellt wird. Als einziger Sterblicher wird er durch einen rechteckigen Nimbus gekennzeichnet. Das Modell ist auch hier Symbol für die Kirche als Institution, zugleich erklärt es, warum sich der Papst unter die heiligen Personen einreihen darf.

Ausschnitt Apsismosaik Sant' Agnese fuori le mura, Rom, 625–638: Papst Honorius I. mit Modell. Das Modell zeigt nicht ein konkretes Gebäude, sondern steht für ein verbreitetes Architekturschema mit dreischiffigem Langhaus, Portalvorbau, an den die beiden Seitenschiffe anschliessen, sowie, angebauter Apsis. Die Türen stehen offen, beim Haupteingang ist ein Vorhang angedeutet. Es ist ein Symbol für die Kirche als Institution und zugleich Attribut für ein geistliches Amt, das von seinem Inhaber zum Zeichen seiner Ehrfurcht mit verhüllten Händen präsentiert wird.

Bernardo Buontalenti, 1587: Zweiter Entwurf für die Fassade des Doms von Florenz. Beispiel für den hohen Ausführungsgrad der späteren Architekturmodelle. Die zur Überzeugung der Bauherrschaft und zum Übertrumpfen der Konkurrenten eingesetzten Mittel machen aus dem Modell ein schönes Objekt, das um seiner selbst willen geschätzt und aufbewahrt wird.

Das Architekturmodell als Kunstwerk

Der moderne Modellbau – mehr noch die detaillierten Miniaturwelten, die in den Museen aufgestellt werden, als die heute in der Architektur verwendeten – hat seine Wurzeln in der italienischen Renaissance. Der wichtigste Schauplatz dieser Entwicklung ist die Stadt Florenz. Bereits im 14. Jh. war die Kontrolle über den Bau des Doms vom Klerus an Zünfte oder städtische Behörden abgetreten worden. Das hatte zur Folge, dass Vertreter aus allen Berufsgattungen zur Kontrolle über die ausgeführten Arbeiten eingesetzt wurden. Aber selbst die Bauleiter stammten nicht mehr unbedingt aus dem Baugewerbe. Auch Bildhauer, Maler oder Goldschmiede wurden als Leiter der Bauhütten berufen. Und schliesslich erweiterte sich der Kreis der einbezogenen Personen auch auf die Bürger, die wissen wollten, wohin das Geld ging, das sie durch immer neue Sondersteuern aufzubringen hatten. In dieser Situation wuchs die Bedeutung des Architekturmodells: Die Behörden suchten durch das Ausstellen von Modellen den Rückhalt bei den Steuerzahlern, den zur Überwachung der Arbeiten eingesetzten Gremien dienten sie zur Kontrolle des ausgeführten Baus, und den fachfremden Bauleitern erlaubten sie, die Arbeiter anzuleiten. Dies führte zu einer vorher unbekannten, weil nicht notwendigen Präzision der Modelle. Sie waren es nun, die im ständigen, durch Neuberufungen und Neuwahlen bewirkten Wechsel, Kontinuität, Treue zum Entwurf und damit eine ästhetische Konsistenz garantierten. Ihre neue Stellung hatte auch andere Folgen: In Wettbewerben unterlegene Modelle mussten zerstört werden, die angenommenen jedoch wurden sorgfältig aufbewahrt und neu antretende Bauleiter mussten auf sie schwören.

Das Architekturmodell als Lehrmittel: Korkmodell und museales Modell

Einen weiteren Schritt näher an die Rolle, die dem Architektur- oder Stadtmodell heute in der Vermittlungsarbeit der Museen zufällt, bringen uns die Korkmodelle, die ihren grossen Aufschwung in der zweiten Hälfte des 18. Jh. nahmen, als die Verehrung für die Antike einen neuen Höhepunkt erlebte. Entstanden sind die Korkmodelle in Italien, einheimische Künstler hatten wohl entdeckt, dass mit den Reisenden aus dem Norden ins Geschäft zu kommen war, wenn ihnen von den Bauwerken, die sie lange studierten oder aufwendig vermassen, eine verkleinerte Replik angeboten wurde. Höchste Präzision bis ins kleinste Detail war Voraussetzung, um die gebildeten und wohlinstruierten Kunden, die weite Reisen zur Vervollkommnung ihrer Bildung unternahmen, vom angebotenen Produkt zu überzeugen. Das leicht zu bearbeitende und leicht zu transportierende Material Kork bot sich für diese Modelle an, von denen an transalpinen Fürstenhöfen ganze Sammlungen zum Studium der römischen Antike entstanden. Wie die sorgfältig aus edlen Hölzern angefertigten Modelle der florentinischen Renaissance stellen auch sie unter Beweis, dass eine verkleinerte dreidimensionale Darstellung nicht nur besser verstanden wird als eine Zeichnung, sondern darüber hinaus eine grosse Anziehungskraft auf den Betrachter ausübt. Es ist darum kein Wunder, dass selbst beim aktuellen Stand der digitalen Simulationsmöglichkeiten Modelle im Museumsbetrieb unersetzbar sind.

Die Modelle von Marius Rappo

Die Anschaulichkeit der plastischen Darstellung sichert dem Modell in der von Antonio Chichi und seinen Nachfolgern entwickelten Form bis heute einen festen Platz in der Vermittlungsarbeit der Museen. Da die Grabungsgelände – vor allem hierzulande – nach den Untersuchungen meist eine neue Nutzung erhalten, bieten sich Modelle aus einem weiteren Grund als willkommene Informationsträger an. Sie werden nicht nur viel besser verstanden als Zeichnungen oder Pläne, sondern bleiben auch über die Zeit der Ausgrabung hinaus erhalten. Werden sie dann noch mit Figuren belebt, vermitteln sie zudem einen Eindruck von der Nutzung der ausgegrabenen Einrichtungen. Auch Marius Rappo begann seine Tätigkeit als Modellbauer im Auftrag eines Archäologen. Durch seine enge Zusammenarbeit mit Wissenschaftlern, aber auch dank dem kreativen Potenzial, über das er als freischaffender Künstler verfügt, hob Rappo seine plastischen Darstellungen auf ein unter den Museumsmodellen nur selten anzutreffendes Niveau. Kein Modell zeigt das so klar wie die Rekonstruktion des Umbaus von Schloss Prangins, das in seiner historischen Richtigkeit und in der Detailliertheit der Wiedergabe als einzigartig und unübertroffen gelten kann.

Hans-Peter Wittwer
Kunsthistoriker

Filippo Brunelleschi zugeschrieben, ca. 1420: Modelle der Kuppel und zweier Kranzkapellen für den Dom von Florenz aus Lindenholz. Das Modell steht als Beispiel, das sich an die zahlreichen Laien richtete, die beim Bau des Doms involviert waren, und zugleich dem Bauleiter als Hilfsmittel zur Anweisung der Arbeiter diente.

Agostino Padiglione und Giuseppe Abbate, 1840: Casa di Sallustio, Pompeij (Ausschnitt), Kork bemalt. Frühes Beispiel für das Modell eines ausgegrabenen Gebäudes, das in unmittelbarer Nähe der Grabungsstätte ausgestellt wird.

Standort der Modelle

 **Gallorömischer Tempel**
Historisches Museum Basel

 **Munimentum prope Basiliam**
Historisches Museum Basel

 **Murus Gallicus**
Historisches Museum Basel

 **Basel vor 3000 Jahren**
Historisches Museum Basel

 **Modell der Rheinbrücke mit Pfahlramme**
Historisches Museum Basel

 **Bronzezeitliche Siedlung Padnal / Savognin**
Rätisches Museum Chur

 **Wüstung Gonda**
Rätisches Museum Chur

 **Römische Mannschaftsbaracke**
Bezirksmuseum «Höfli»
Bad Zurzach

 **Festungsbau Breisach am Rhein**
Museum für Stadtgeschichte Breisach am Rhein (D)

    **Gold der Helvetier**
Schweizerisches Landesmuseum Zürich

 **Schloss Staufenberg**
Wein- und Heimatmuseum Durbach (D)

 **Habsburg**
Habsburg

 **Bauplatz Schloss Prangins um 1738**
Schweizerisches Landesmuseum Prangins

Die Massangaben im Werkkatalog folgen dem Schema Länge × Breite × Höhe.

Auftraggeber **Historisches Museum Basel**
 (Modell zurzeit nicht ausgestellt)
Wissenschaftliche Begleitung **Dr. Rudolf Moosbrugger,**
 Dr. Rudolf Fellmann
Bauzeit Modell **1979**
Datierung Situation **2. Jh. v. Chr.**
Masse **40 × 40 × 45 cm**
Massstab **1:25**

Gallorömischer Tempel

Riehen

Heiligtümer und kleine Tempel säumten die römischen Überlandstrassen. Im heutigen Riehen lag an einer solchen Strasse ein Tempelbezirk, zu welchem das «Heiligtum vom Pfaffenloh», ein gallorömischer Vierecktempel, gehört.

Dank diesem Heiligtum kam Marius Rappo zum Modellbau. Der damalige wissenschaftliche Mitarbeiter des Historischen Museums in Basel, Rudolf Moosbrugger, hat den Künstler am Schweizer Institut in Rom kennengelernt – und wollte ihn als Modellbauer testen. Marius Rappo, angetan von den lebendigen historischen Führungen Moosbruggers durch Rom, nahm den Auftrag des Museums für den gallorömischen Tempel gern an. Es folgten ein gegenseitiger Lernprozess und eine konstruktive Zusammenarbeit von Mentor und Modellbauer. Rudolf Moosbrugger entwickelte jeweils eine sehr klare Vorstellung davon, wie ein Modell auszusehen hatte. Er verstand es, eine Faszination für die historischen Situationen zu schaffen, deren Umsetzung sich in jedem Modell wiederfindet.

Dass ein Modell aber nur so stimmig sein kann wie die Vorgaben, erfuhren beide Parteien ziemlich schnell: Die fachlichen Informationen wurden von Moosbrugger während des Bauprozesses bisweilen nach neuen Befunden korrigiert, und entsprechend hatte Marius Rappo das Modell zu verändern. So etwa bei den Dachziegeln des Tempels: Die Masse und Angaben zur Form waren falsch – und das zu einem Zeitpunkt, als die Vorbereitungen zum Eindecken bereits abgeschlossen waren.

Gesamtanlage Tempel

Detail Säulengang (Portikus) mit Dachkonstruktion

Einblick in das Allerheiligste (Cella), Priester

Tegula und Imbrex (römische Dachziegel)

17 // **Werkkatalog** / **Gallorömischer Tempel** – Historisches Museum Basel

Auftraggeber **Historisches Museum Basel**
Wissenschaftliche Begleitung **Dr. Rudolf Moosbrugger,
 Dr. Rudolf Fellmann**
Bauzeit Modell **1980/81**
Datierung Situation **umstritten, ev. 374 n. Chr.
 unter Kaiser Valentinian**
Masse **216 × 136 × 30 cm**
Massstab **1:25**

Munimentum prope Basiliam

Basel

Wo man heute in der Basler Beiz und Brauerei «Fischerstube» ein hauseigenes Robur-Bier trinken kann, wurden 1973 Fundamente der Festungsanlage «Munimentum Robur» gefunden: Der quadratische Grundriss mit vier Rundtürmen, die Dimension der Anlage und die Mauertechnik sind identisch mit den restlichen mittelgrossen Wehranlagen des Grenzwalls Limes, der in der zweiten Hälfte des 4. Jh. zwischen Rhein und Donau gebaut wurde.[1]

Der wissenschaftliche Begleiter Rudolf Moosbrugger formte das Konzept, im Modell des Festungswerks verschiedene Bauphasen gleichzeitig darzustellen, weil dadurch ein Maximum an Informationen übermittelt werden kann. Diese didaktische Haltung findet sich ab hier in allen Modellen von Marius Rappo – und genau diese abstrakte Herangehensweise an das Thema, das bisweilen recht unlogische Zeigen von unterschiedlichen zeitlichen Situationen, macht neben der handwerklichen Ausführung der Details den wesentlichen Unterschied zu klassischen Eisenbahnmodellen aus.

Nicht nur die zeitliche Dimension wird in den Modellen aufgenommen, auch die Figuren entwickeln sich in ihrer Ausführung weiter. Beim Munimentum sind die Drahtgestelle der Legionäre mit grauem Stoff überzogen und bewusst schlicht gestaltet. Durch diese Uniformität kommt der militärische Charakter der Arbeiter – alles Legionäre – zum Ausdruck. Ihre Schilde und Helme haben sie für die Bauarbeiten abgelegt. Moosbrugger formulierte seine Idee zur Gestaltung der Figuren folgendermassen:

*«Es darf ruhig auch Valentinian in roter Toga auftreten.
(...) Soldaten in einfacher Tunika mit Militärgürtel.»*[2]

Marius Rappo ist neben seiner Modellbautätigkeit immer auch Künstler geblieben. Der Herstellungsprozess, Details oder Strukturen lieferten ausserhalb ihres Modellkontextes jeweils Impulse für spätere künstlerische Arbeiten. Und die Arbeit am Modell unterlag immer auch einer künstlerischen Sichtweise:

«Plötzlich formierte sich aus den auf Styrofoam eingesteckten, fürs Modell bereitgestellten Legionären eine Ballettgruppe, die einen stillen Tanz aufführte.»

Dennoch bedeutete die Umsetzung der Modelle bis ins letzte Detail eine starke Auseinandersetzung mit den historischen Vorgaben. Genau dies hat Rudolf Moosbrugger an den Modellen von Marius Rappo fasziniert: Als er einer Gruppe im Atelier demonstrieren wollte, dass der Modellbauer alles funktionsfähig gestaltet, hat er eines der Schwerter aus dem Materialdepot genommen und versuchte es aus der Scheide zu ziehen – so wie es ihm vorgängig gezeigt wurde. Das Schwert blieb allerdings stecken, weil dieser Aufwand zwar jeweils für den Prototyp, nicht aber für die serielle Herstellung betrieben wurde!

Als Besonderheit packt Marius Rappo bisweilen ein zeitgemässes und daher innerhalb der historischen Situation nicht stimmiges Augenzwinkern in seine Modelle: Beim Munimentum ist dies eine Bierflasche, die am Landesteg mit einem Seil zum Kühlen im Rhein versenkt ist. Was hier seinen Anfang nahm, wurde bei fast allen folgenden Modellen beibehalten – die Suche ist eröffnet!

«Ballett der Legionäre»

Bauplatz Festungsanlage Richtung Süden, zum Rhein

1 www.baselinsider.ch (23.10.2016).
2 Aktennotiz von Rudolf Moosbrugger zur Besprechung vom 14.1.1980.

21 // Werkkatalog / **Munimentum prope Basiliam** – Historisches Museum Basel

Bau des Eckturms mit Hebekran

Sandsteine werden in Form gehauen

Transport der Sandsteine

Anflössen von Holzstämmen und Kalksteinen

Aufzeichnen des Eckturms mit Kreidepulver

Transport von Holzstämmen

Wachposten

Auftraggeber **Historisches Museum Basel**
Wissenschaftliche Begleitung **Dr. Rudolf Moosbrugger,
    Dr. Andres Furger-Gunti**
Bauzeit Modell **1980/81**
Datierung Situation **ca. 60–50 v. Chr.**
Masse **216 × 136 × 54 cm**
Massstab **1:25**

Murus Gallicus

Basel

Auf dem heutigen Basler Münsterhügel entstand etwa 60 bis 50 v. Chr. ein neues keltisches Zentrum, das mit einem sechs Meter hohen Wall und einem breiten Graben befestigt wurde. Unter Julius Caesar waren diese Befestigungen als «Murus Gallicus», als gallische oder keltische Mauern bekannt.[1]

An einer der ersten Besprechungen zum Modell des Keltenwalls für das Historische Museum Basel wurde zwischen den wissenschaftlichen Begleitern Rudolf Moosbrugger und Andres Furger sowie Marius Rappo vereinbart, was alles dargestellt werden sollte. So wurden nicht nur der Massstab festgelegt oder darauf hingewiesen, dass die Brücke mit *«Feindseite demontabel für Ernstfall»* gebaut werden soll, sondern auch, dass Frauen dargestellt werden, die die Frontmauer hinterschütten, oder dass ein Torwächter auf der rheinwärtigen Seite seinen Platz findet.[2]

Neben den historischen Details hat Marius Rappo das Zeitgeschehen von damals festgehalten: Die Brücke wurde wohl während des Baus des Murus Gallicus bereits als Verbindung genutzt, daher wird im Modell auch deren Eingangstor gezeigt. Die Figur über dem Tor wurde nach einer römischen Münze entwickelt – also gemäss einem zweidimensionalen Vorbild räumlich interpretiert.

Damit die Details der Modelle historisch richtig wiedergegeben werden, war Marius Rappo immer auf Belege aus der Wissenschaft angewiesen. Diese wurden ihm in der Regel von den wissenschaftlichen Begleitern des Auftraggebers geliefert und liessen sein Verständnis für die jeweilige Zeit wachsen. Was die Umformulierung für den Bau anbelangte, so musste sich der Modellbauer seinen Weg selber suchen. Verständlich, dass es in diesen jeweils neuen Prozessschritten bisweilen auch Pannen gab: So haben sich – kurz vor der Fertigstellung des Modells – die Steinwände beim fertig aufgemauerten Wall angefangen zu bauchen. Ein dünnflüssiger Mörtel war offensichtlich nicht vollständig ausgetrocknet und hatte angefangen zu gären und sich auszudehnen. Kurzerhand bohrte Marius

Rappo Luftlöcher in den Wall, so konnte der Mörtel austrocknen und die Mauer mit Schraubzwingen an ihren Ursprungsort zurückgepresst werden.

Ob der Schüler Matthias Glatt nach dem Besuch mit seiner Primarklasse im Historischen Museum Basel mit ähnlichen Problemen gekämpft hat, ist nicht überliefert. Dass er jedoch selber angefangen hat, aus Kasperlimehl, mit Kleister durchtränktem Haushaltpapier, Holz, Stein und Kartonrollen ein Modell des Keltenwalls zu bauen, bezeugt der Bericht seiner Mutter:

«Im Zentrum der Museumsführung stand wohl das Modell von Herrn M. Rappo, das den (...) murus gallicus zeigt mit vielen interessanten Details. Matthias war davon so fasziniert, dass er sich entschloss, ebenfalls einen murus gallicus nachzubauen.» [3]

1 www.archaeologie.bs.ch (23.10.2016).
2 Aktennotiz von Rudolf Moosbrugger, 14.1.1980.
3 Murus Gallicus – Modell von Matthias Glatt, Primarklasse 4d, Blaesischulhaus, Dokumentation von Ruth Glatt-Buehrer, Januar 1984.

Südansicht der Befestigungsmauer

Südostansicht mit Schnitt durch Graben und Wall

Hochziehen der Tansportkiste auf einer Holzrampe

Frauen beim Aushub

Schnitt durch Wall

Holzrampe für das Abtransportieren des Aushubs

Hochziehen der Kiste mit dem Erdmaterial

Blick vom fertigen Wehrgang auf die Brücke

Zimmermannsarbeiten am Wehrgang über der Torsituation

Erstellen eines Balkenrostes als Armierung für den Wall

Schmieden der Nägel vor Ort

Hochziehen eines Wallpfahls

Richten des Wallpfahls

Spalten eines Stammes mit einem Keil

Aufstellen eines Wallpfahls

Blick nach aussen durch das halbfertige Tor

Auftraggeber **Historisches Museum Basel**
 (Modell zurzeit nicht ausgestellt)
Wissenschaftliche Begleitung **Dr. Rudolf Moosbrugger**
Bauzeit Modell **1982**
Datierung Situation **ca. 1. Jh. v. Chr.**
Masse **215,5 × 58,8 × 119,5 cm**
Massstab **1:3125 (Front)**

Basel vor 3000 Jahren

Wartenberg

Die oberrheinische Tiefebene liegt zwischen dem Sundgauer Hügelland und den Vogesen auf französischer Seite, auf deutscher Seite vor den Ausläufern des Schwarzwaldes und wird in der Schweiz von Höhenzügen des Juras gefasst. Zentral schlängelt sich der Rhein durch die Landschaft – neben dem milden Klima ein wichtiger Aspekt, wieso sich die Kelten ursprünglich genau hier, am Rheinknie, niedergelassen haben.

Das Landschaftsrelief zeigt einen Anschnitt vom Wartenberg und öffnet den Blick in die Rheinebene. Auf einer Holzkonstruktion liegen Ytongsteine, aus welchen die Landschaft herausgeschnitzt ist. Das Modell weist wenig effektive Tiefe auf, die weite Landschaft ist folglich perspektivisch extrem verkürzt dargestellt und geht im gewölbten Hintergrund in den Himmel über.

Generell wurde Marius Rappo selber immer wieder Teil seiner Arbeit, tauchte auch hier mit all seinen Sinnen in diese Urlandschaft ein und meinte bisweilen sogar selber, darin zu liegen. Diese Verbindung übertrug sich auf die Ausmalung von Himmel und Erde – der Künstler beschäftigte sich nach dem Bauprozess eine Woche lang mit dem Himmel, kreierte schwere Wolken und durchbrechendes Licht, das sich in der Landschaft zeigt.

«Für mich war es wichtig, dass unten und oben, Erde und Himmel und dazwischen die Tiefe der Rheinebene spürbar werden.»

Als die Landschaft an sich geschaffen und stimmig war, sollte für die Präsentation im Museum eine Plexiglasplatte mit Fundstücken der damaligen Zeit vor diese montiert werden. Als der Grafiker damit im Atelier ankam, funktionierte gar nichts mehr: Vor dem Himmel war die Schrift kaum lesbar, das Auge konnte sich nicht drauf einstellen und beide Effekte, Landschaft und Erklärung, waren zusammen schlicht zu viel. In aufgewühlter Stimmung «beruhigte» Marius Rappo seinen Himmel und übermalte ihn in einer knappen Stunde zu einem leichten Föhnhimmel.

Rheinknie, im Vordergrund Siedlung mit gerodeten Waldflächen für die Landwirtschaft

Erste Himmelsversion

Detail Siedlung und Felder

Auftraggeber **Historisches Museum Basel**
Wissenschaftliche Begleitung **Dr. Hanspeter Draeyer,
   Dr. Franz Egger**
Technische Beratung und Mitarbeit **Sascha Müller
   (Künstler, Basel)**
Bauzeit Modell **1983–1990**
Datierung Situation **1225**
Masse **156 × 29 × 72,5 cm**
Massstab **1:33**

Modell der Rheinbrücke mit Pfahlramme

Basel

Die mittelalterliche Basler Rheinbrücke – die heutige «Mittlere Brücke» – wurde sehr wahrscheinlich im Jahr 1225 errichtet. Bischof Heinrich von Thun setzte sich bei den Basler Bürgern für ihren Bau ein und verpfändete sogar den Kirchenschatz zur Finanzierung. Die Lage bei der Mündung des Birsigs im heutigen Grossbasel war wegen der niederen Uferpartie zwar günstig, doch war das Flussbett des Rheins an dieser Stelle tief, sodass keine Steinpfeiler gemauert werden konnten. Sieben Träger aus Eichenpfählen stützten die Brücke; an der gegenüberliegenden Uferseite, am Gleithang, konnten dank dem seichten Wasser bereits Steinpfeiler aufgemauert werden. Den kostspieligen Unterhalt der Brücke hatten die Bürger zu tragen: Vor allem die Holzpfeiler wurden immer wieder durch Hochwasser beschädigt.

Das erste bewegliche Modell in der Serie von Marius Rappos Arbeiten nimmt die Reparaturarbeiten an der Rheinbrücke auf: Verschiedene Abläufe auf der Baustelle werden in Bewegung gezeigt. Das Historische Museum wollte zudem die Funktion eines bronzenen Rammklotzes aus ihrem Bestand zeigen, und so ging die lange Suche nach adäquaten Bildvorlagen zu dessen Einsatz los. Nicht nur das Wissen in Bezug auf die Ramme, sondern auch hinsichtlich des Brückenbaus musste zunächst gesichert werden. Dabei hat eine kleinformatige Zeichnung nach Emanuel Büchel in unerwarteter Weise geholfen: Bei seiner Darstellung des Brückenbaus hat der Zeichner – wohl zur besseren Ablesbarkeit – verschiedene innere mechanische Abläufe zum Einrammen der Brückenpfähle zeichnerisch nach aussen verlegt und dadurch sichtbar gemacht.

Marius Rappo hat für die Bewegungsabläufe im Modell in Sascha Müller eine gute Ergänzung gefunden. Müller hat nicht nur eine spezielle Vitrine gebaut, sondern auch den Modellträger, die für den Museumsbesucher nicht sichtbare Mechanik und deren Steuerung nach den Anweisungen von Marius Rappo eingebaut.

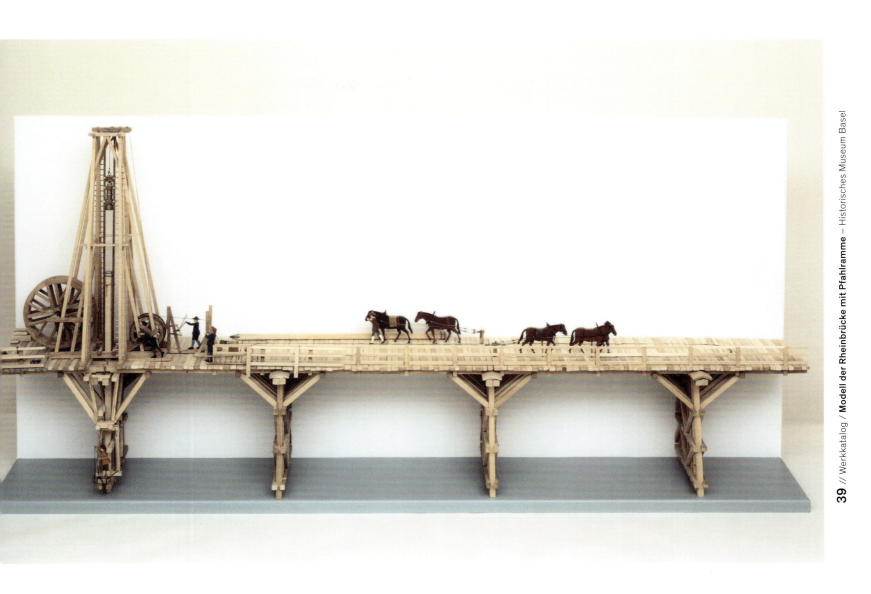

«Einen Riesenschreck erlitt ich, als wir die beiden Teile zusammenmontierten. Mein Teil des Modells ist sehr filigran, besteht aus dünnen hohlen Doppelachsen, Sascha's Teil dagegen aus massiven mechanischen Teilen und Motoren. Ich hatte schlicht Angst, dass meine Arbeit im Betrieb kaputt gehen würde – aber es hat wunderbar geklappt.»

Die Figuren für das Modell wurden auch hier spezifisch entwickelt: Menschen und Arbeitspferde die sich nicht bewegen müssen, wurden aus verschieden ausgesägten Flugzeug-Sperrholzschichten zusammengeleimt, die beweglichen Figuren dagegen aus Messingblechen gefertigt. Die Brücke ist als Zimmermannsarbeit in Kleinformat ausgeführt – sie wurde vor der Abgabe sogar einer Belastungsprobe ausgesetzt und von einem Zimmermann inhaltlich überprüft und abgenommen.

Bis heute ziehen die Pferde den Rammbären im Modell hoch. Oben angekommen klinkt er aus, fällt und schlägt mit einem Knall auf den Pfahl. Nach einer dreimaligen Wiederholung und einer Pause von drei Minuten kann der Vorgang per Knopfdruck neu gestartet werden.

Doch wo gearbeitet wird, passieren Unfälle. So musste der Modellbauer auch schon zur Reparatur ins Museum: Beim Rückspulen hat sich das Zugseil verheddert und Teile des Brückengeländers mitgerissen. Dadurch kamen Pferde zu Fall und legten die Modellbaustelle an der Rheinbrücke lahm.

41 // Werkkatalog / **Modell der Rheinbrücke mit Pfahlramme** – Historisches Museum Basel

Gesamtansicht mit Pferderundlauf

Baumeister mit Heft

Zugpferdegespann, im Hintergrund liegender Brückenpfahl mit Eisenschuh

Ramme mit hochgezogenem Rammbär

Bedienung der Rammvorrichtung

Arbeiter am Joch, das Seil zeigt die Fliessrichtung an.

Auftraggeber **Rätisches Museum Chur**
Wissenschaftliche Begleitung **Dr. Jürg Rageth, Archäologischer Dienst Graubünden**
Bauzeit **1982–1984**
Datierung Situation **1500 v. Chr.**
Masse **140 × 120 × 50 cm**
Massstab **1:25**

Bronzezeitliche Siedlung Padnal

Savognin

Südlich von Savognin liegt an der Julierstrasse das markante Hügelplateau Padnal. Die frühbronzezeitliche Siedlung (ca. 2000–1700/1600 v. Chr.) lag in einer natürlichen Geländemulde und wurde 1938 entdeckt, erste Ausgrabungen erfolgten ab 1953.[1]

«So oder so ähnlich muss es gewesen sein!»
Nach der ersten gemeinsamen Begehung des Areals brachte der Modellbauer eine Kiste mit verschiedenen Steinen und Erde nach Basel, legte den Modellbauausschnitt, die Grösse und den Massstab fest. Inmitten dieses Originalmaterials wurde der Entwurfsplan angefertigt, der bereits mit Vorschlägen und weiterführenden Fragen zum Bau des Modells versehen war.

Der Anspruch von Marius Rappo, die jeweils aktuellste wissenschaftlich gesicherte Version einer historischen Situation darzustellen, bedeutete für das Modell von Savognin einen Mehraufwand: Parallel zur Modellbauzeit wurden durch Jürg Rageth Nachgrabungen in Padnal vorgenommen, wobei an der Südseite der Anlage anstelle einer vermuteten Sickergrube eine gefügte Holzkonstruktion – eine Art Zisterne – zum Vorschein kam. Marius Rappo ersetzte der Korrektheit halber die bereits gebaute Sickergrube im Modell. Die enge Zusammenarbeit des wissenschaftlichen Mitarbeiters und des Modellbauers führte in beide Richtungen zu Denkprozessen; durch die inhaltichen Rückfragen sah sich Jürg Rageth immer wieder gezwungen, weiterführende Überlegungen zu seinen Ausgrabungen in Padnal zu machen.[2] Der konstruktive Austausch wurde von Marius Rappo gewürdigt, indem er den Archäologen den bronzezeitlichen Figuren als Zeitreisenden der Zukunft zur Seite stellt – mit Jalon, Zeichnungsbrett und Mappe.

In den frühen Modellen wurden die Figuren als einfache Drahtkörper ausgeführt. Beim Savogniner Modell erfahren sie eine Weiterentwicklung: Hände und Füsse sind ausgeformt, die Kleider mit einem Zweikomponentenkunststoff aus dem Sanitärbedarf erstellt.

Den Anspruch auf ein weitgehend naturalistisches Modell löste Marius Rappo auch in der Bepflanzung ein. Die Nadelbäume etwa sind mit speziell behandelten Pflanzen

aus Neuseeland gestaltet, die in Basel gekauft werden konnten. Dieser Kreis hat sich Jahre später auf unerwartete Weise geschlossen:

«Bei einer Wanderung durch den neuseeländischen Busch bin ich genau über diese Pflanzen gestolpert!»,

erinnert sich Marius Rappo, der immer auf der Suche nach Material für seine Modelle war. So bildete er auch die tierischen Knochenreste zwischen den Blockbauten in Padnal für das Modell mit Mäuseknochen aus dem Gewölle von Raubvögeln nach. Der Zoologische Garten in Basel lieferte das Rohmaterial – Teile davon befinden sich noch heute im Fundus des Modellbauers.

Das historische Modell der bronzezeitlichen Siedlung Padnal wurde 1984 im Rätischen Museum in Chur erstmals öffentlich ausgestellt. Marius Rappo konnte sich jedoch nicht adäquat von seinem Werkstück verabschieden: Der Transporteur kam an einem Samstagnachmittag mit zwei Stunden Verspätung in Chur an – wo der genervte Hauswart das Modell kurzerhand in die vorgesehene Vitrine wegsperrte. Von da an nahm Marius Rappo jeweils in seinem Basler Künstleratelier Abschied: Bei diesen Vorvisionen konnte er sich von der meist mehrjährigen Intensivarbeit lösen und Abschiedsschmerz wie auch Freude über das Vollbrachte mit seinen Freunden teilen.

1 www.hls-dhs-dss.ch (1.11.2016).
2 Jürg Rageth hat die von Marius Rappo aufgelisteten Fragen zum Projekt jeweils schriftlich beantwortet.

Westansicht mit dem Archäologen Jürg Rageth

Südansicht mit Schnitt durch die Wasserzisterne

Sammlerin auf dem Heimweg

Weberin mit Kind

Schmied an der Arbeit

Getreide Mahlen in der Vorratskammer

Sammlerin mit Pilzkorb

Nordansicht mit dem Archäologen
Jürg Rageth

Rückkehr von der Jagd

Inszenierung des Fotografen:
Uhu im Mondschein

Eintreffen der Händler

Viehhaltung

Arbeiten am Haus: Ausfachen mit Lehm, Schindeln Spalten, Dach Eindecken

Auftraggeber **Rätisches Museum Chur**
Wissenschaftliche Begleitung **Dr. Urs Clavadetscher,
　Archäologischer Dienst Graubünden**
Bauzeit **1985/1986**
Datierung Situation **1983**
Masse **125 × 125 × 70 cm**
Massstab **1:200**

Wüstung Gonda

Lavin

Originalfarbigkeit und abgetönte Endversion

Die Ruinen von Gonda, einer mittelalterlichen Siedlung, liegen an der alten Verbindungsstrasse Lavin – Guarda im Unterengadin. Sie umfassen die Überreste von acht Häusern, einer Kirche und ehemalige Ackerterrassen. Was Gondas Untergang war, ist nicht überliefert. Der stattliche Weiler umfasste einst gegen 30 Häuser und dürfte in der Zeit zwischen 1570 und 1741 verlassen worden sein. Die Äcker rund um das Dorf wurden weiterhin bewirtschaftet.[1] Seit 2009 ist die «Aufgelassene Wüstung und Siedlung» im eidgenössischen Denkmalverzeichnis eingetragen.[2]

Der zweite Auftrag für das Rätische Museum in Chur war komplett anders gelagert als jener für das erfolgreiche Modell der Siedlung → *Padnal* bei Savognin. Der bisher gesicherte Bestand der ehemaligen Siedlung Gonda – hauptsächlich die Ruinen der Dorfkirche und rudimentäre Fundamente von Gebäuden – sollte im Modell festgehalten und als Langzeitprojekt mit weiteren Befunden sukzessive erweitert werden.

Beim definierten Geländeausschnitt von 250 m auf 250 m des steilen Terrains zeigte sich schnell, dass die bestehenden Ruinen im gewünschten Massstab von 1:1000 als reale Nachbildung kaum sichtbar werden. So wurde mit dem wissenschaftlichen Begleiter des Museums, Urs Clavadetscher, der Massstab 1:200 und eine grafische Umsetzung der Situation beschlossen.

Das Terrain wurde als Relief in klarer Farbgebung wiedergegeben: Feld, Wald und Geröll gemäss den vorgelegten Plänen des Archäologischen Dienstes aufgemalt, die bestehenden Ruinen in grauem Ton vereinfacht dreidimensional ausgeformt, das Volumen der Kirche als Annahme in Weiss ergänzt. Später erst sollten auch die anderen Ruinenreste weiss ergänzt werden, damit die räumliche Situation des ehemaligen Dorfes erkennbar wird.

Bei der Direktion des Rätischen Museums stiess das Modell auf keine Gegenliebe. Offenbar wurde etwas Ähnliches wie das Savogniner Modell erwartet. Daher wurden weder der grafische Ansatz noch die Vereinfachung des Dargestellten geschätzt, obwohl dies die Lesbarkeit des Modells erst ermöglicht hat. Die telefonische Schelte der Direktion bezog sich auf «*die grauenhafte Farbgebung der verwendeten Grüntöne*», die «*Unsichtbarkeit der Ruinen*

und Terrassen» und generell darauf, dass das Modell «*zu dominant, zu modern*» sei und nicht in ein historisches Museum passe.[3] Dem Frieden zuliebe und gegen seine Überzeugung hat Marius Rappo das gesamte Modell mit Weiss übersprüht um die Farbigkeit zurückzunehmen und eine scheinbar verträglichere Raumsituation in der Ausstellung zu schaffen. Dennoch war die Arbeit am Modell eine wertvolle handwerkliche Erfahrung. Die erforderten Schnitz- und Schleifarbeiten am Terrain und der gesamte Aufbau der Anlage waren inhaltlich herausfordernd und die Zusammenarbeit mit dem wissenschaftlichen Mitarbeiter Urs Clavadetscher sehr gut.

1 Festschrift für Otto P. Clavadetscher zu seinem fünfundsechzigsten Geburtstag, Sonderdruck aus: Maurer, Helmut (Hg.): Churrätisches und St. Gallisches Mittelalter. Sigmaringen 1984.
2 www.bak.admin.ch/kulturerbe/04273/04298/05050 (23.5.2017).
3 Gesprächsnotiz und Stellungnahme von Marius Rappo an die Direktorin des Rätischen Museums Chur, Dr. Ingrid Metzger, 2.2.1987.

Auftraggeber **Bezirksmuseum Höfli, Bad Zurzach**
Wissenschaftliche Begleitung **Dr. Katrin Roth-Rubi, Alfred Hidber**
Bauzeit **1989**
Datierung Situation **1. Jh. n. Chr.**
Masse **104 × 86,5 × 39,5 cm**
Massstab **1:10**

Römische Mannschafts-baracke

Bad Zurzach

In den 1980er-Jahren brachten Ausgrabungen des römischen Zurzach zahlreiche Fundstücke wie auch Reste einer mehrfach erweiterten römischen Kastellanlage aus der ersten Hälfte des 1. Jh. n. Chr. hervor. Die Präsenz der römischen Truppen prägt das ehemalige Tenedo (Zurzach) wesentlich, und die Lebensbedingungen der römischen Soldaten, die unter engen Raumverhältnissen eine lange Dienstzeit zu absolvieren hatten, sollten im Modell dargestellt werden.

«Angeregt von den instruktiven Modellen im Historischen Museum Basel gelangten wir an deren Schöpfer, Marius Rappo, der sich in der Folge mit Akribie an die Arbeit machte. Dass er dabei auch Spass hatte, kann man unschwer feststellen, wenn man sein vollendetes Werk betrachtet. Darüber hinaus werden hier dem Besucher verschiedene Gegenstände und Einrichtungen, denen er in der Ausstellung begegnen wird (...), in ihrer Funktion gezeigt. Auf diese Weise eignet sich das Modell und seine Umgebung auch bestens als Anschauungsmaterial für Schulklassen.»[1]

Die Anfrage vom Leiter des Museums Höfli in Zurzach war konkret: Alfred Hidber gab ein Modell einer römischen Mannschaftsbaracke im Massstab 1:5 in Auftrag. Erste Erfahrungen mit Römern sammelte Marius Rappo im Modell des → *Munimentum*, welches zeitlich etwa 300 Jahre später angesiedelt war als die Mannschaftsbaracke aus der Mitte des 1. Jh. n. Chr. Inhaltlich dokumentierte die wissenschaftliche Mitarbeiterin Katrin Roth-Rubi den Modellbauer umfassend, offene Fragen wurden hin- und hergereicht, bis eine perspektivische Zeichnung als Modellskizze erstellt war und der eher kleinere Massstab von 1:10 vorgeschlagen wurde. In diesem war sich Marius Rappo sicher, dass die zwischen 15 bis 17 cm hohen Menschenfiguren genügend detailliert ausgeformt und die Mannschaftsbaracken adäquat eingerichtet werden können.

«Marius Rappo verdanken wir auch die glückliche Idee, den Ausschnitt aus einer römischen Kaserne nicht auf ein einzelnes Contubernium zu beschränken, sondern zwei Abteile einzubeziehen. Damit wird dem Beschauer sofort klar, dass es sich um eine Abfolge handelt.»[2]

Das erste Wohnabteil ist mit Legionären bestückt, das zweite ist möbliert, jedoch ohne Menschen, und das angeschnittene dritte zeigt die Konstruktion und Bauweise der Baracke.

«Mit dem geräumten Contubernium ergeben sich zusätzliche Informationsmöglichkeiten zum Raum selber; so kann angedeutet werden, dass auch unter dem Bretterboden Dinge verstaut wurden, sei es heimlich oder als versenkte Truhe.»[3]

Marius Rappo hat sich in die Geschichte der römischen Feldzüge eingelesen und entnahm dort Hinweise für die Darstellung der Ausrüstung und Bekleidung.[4] Die Figuren sind aus verschiedenen Materialien wie Draht, Textil und Epoxydharz-Knetmasse hergestellt, die Bekleidung aus Leinen, Rüstung und Sandalen aus Knetmasse. Die Schwerter, Dolche, Helme und Feldflaschen sind aus Zinn gegossen, Koch- und Essgeschirr wurden am Goldschmiedetisch getöpfert und anschliessend gebrannt.

Auch die Herstellung der Gebäude war anspruchsvoll: Die einzelnen Teile mussten bis zum Abschluss der Arbeiten demontierbar sein, damit gewisse Innenarbeiten – wie etwa das Versteck im zweiten Contubernium – machbar waren. Gemäss speziellem Montage- und Demontageplan lassen sich Wandteile entfernen, was auch für die abschliessende Fotodokumentation von Vorteil war. Die gesamte Fertigung der Konstruktion war aufwendig:

«Hier brauchte es (...) das handwerkliche Wissen, künstlerische Auge und die Sorgfalt von M. Rappo, um all die Informationen zu einem Ganzen zu gestalten. Selbstverständlich wirft auch in diesem Bereich das Modell Fragen auf, deren Beantwortung nur im Sinne eines Diskussionsbeitrages zu verstehen ist. Vereinfachungen waren unumgänglich und zur Verdeutlichung sogar zum Teil willkommen.»[5]

Eine letzte Belastungsprobe gab es beim Einpassen des Modells in die Museumsvitrine – es war um ein paar Zentimeter zu gross! Bereits während der Planung hatte sich eine Massänderung ergeben, die ihren Weg jedoch nicht zum Vitrinenbauer fand. Ein Museumstechniker wollte nicht lange fackeln und hat Marius Rappo versichert, dass sein Modell auf der einen Seite – wo «sowieso nur Abfall» dargestellt ist, mit einem ganz neuen Sägeblatt abgeschnitten würde. Nach vehementer Gegenwehr wurde die Vitrine ausgetauscht und das Modell konnte seinen Platz im Museum unversehrt einnehmen.

Im Gegensatz zu diesen unsichtbaren Geschichten gibt es in der römischen Mannschaftsbaracke aber auch ein versteckt sichtbares Tier: Nur, wo ist sie, die Maus?

1   Hidber, Alfred und Roth-Rubi, Katrin: Kasernenleben im römischen Zurzach. Sonderdruck aus archäologie der schweiz, 13/1990, S. 31.
2   ebenda, S. 31ff.
3   ebenda.
4   Junckelmann, Marcus: Die Legionen des Augustus. Mainz, 1986, und Domminger, Georg (Hg.): Caesar, Gaius Iulius: Der Gallische Krieg. München/Zürich, 1986.
5   Hidber, Alfred und Roth-Rubi, Katrin: Kasernenleben im römischen Zurzach. Sonderdruck aus archäologie der schweiz, 13/1990, S. 31ff.

Soldat in voller Ausrüstung

Mitbewohner der Mannschaftsbaracke

Einblick in zwei Contubernien

Waffenkammer

Offene Seite mit Gesamteinsicht

Soldat beim Wasserholen

Detail Abfalldepot

Soldat bei der Pflege seiner Ausrüstung

Mühlespiel

Schlafender Soldat

Die Hand des Modellbauers im Grössenvergleich

Kopfsegment der Contubernien

Standort **Museum für Stadtgeschichte,
   Breisach am Rhein (D)**
Auftraggeber **Stadt Breisach**
Wissenschaftliche Begleitung **Dr. Christa Hess,
   Carl Helmut Steckner, Uwe Fahrer**
Datierung Situation **um 1680**
Bauzeit der Modelle **1990–1995**

Festungsbau Breisach am Rhein

Breisach am Rhein, Deutschland

Sébastien le Prestre, Marquis de Vauban, kurz Vauban genannt, war unter Louis XIV französischer General, Marschall und Festungsbaumeister. Von seinem König hat er 1664 den Auftrag erhalten, die Festungsanlagen der Stadt Breisach zu restaurieren, nachdem sie Ende des Dreissigjährigen Krieges an Frankreich abgetreten worden waren. Vauban entwickelte das System der bestehenden Bastionen weiter. Louis XIV trat 1697 Breisach den Habsburgern ab, obwohl die Stadt mit ihrem Rheinübergang strategisch wichtig war. Bereits 1698 liess der König auf der linksrheinischen Seite Vauban die achteckige Festungsstadt Neuf-Brisach als gleichwertigen Ersatz planen und realisieren. 1703 musste Vauban schliesslich als Feldherr seine eigene Festungsanlage erobern. Unter Maria Theresia wurden die Anlagen von Breisach geschleift, nur das Rheintor blieb stehen, die Bastionen sind heute als Hügel sichtbar.[1]

Marius Rappo wurde Ende der 1980er-Jahre für die Realisation eines riesigen Modells der Stadt Breisach – ähnlich dem Stadtmodell von Bologna – angefragt. Anstelle der kriegerischen Momentaufnahme mit Kanonen und Soldaten sollte der Fokus auf bautechnischen Abläufen der Befestigung und auf dem enormen Bauaufwand während des 17. Jh. liegen. Nach intensiver Grundlagenforschung zu Vauban und dem Festungsbau als solchem legte der Modellbauer 1989 den Breisacher Behörden ein Gesamtkonzept vor: Zwei gleich grosse, quadratische Modelle im Massstab 1:25 sollten Terrain-Ausschnitte von ca. 756 m² Originalfläche darstellen. Die Themen umfassen die Vorarbeiten und Fundamente, einen im Bau befindlichen Teil einer Bastion mit Kurtine, Graben und Kontergarde, sowie einen fast fertigen Festungsausschnitt. Alle Ausschnitte sollten exemplarisch den Bau der Festungsanlage zeigen und jeweils spezifische Bauprozesse fokussieren. Ein drittes Modell zeigt in einem kleineren Massstab von 1:350 das Neutor.

Modell 1:
Arbeiten am Fundament

Modell 2:
Bau des Hauptwalls

Modell 3:
Neutor

Nachdem der Gesamtplan für das erste Festungsbaumodell von Marius Rappo herangereift und vom Auftraggeber abgenommen worden war, wurde alles auf Plänen festgehalten. Ideen, Fantasie, Vorstellungen zur Umsetzung wurden skizziert und den Sachverständigen vorgelegt. Diese ergänzten und korrigierten wo nötig, und im Herbst 1990 war Baubeginn für die ersten beiden Modelle.

Im Lauf der Jahre und Recherchen kamen neue Pläne und Dokumente zum Breisacher Festungsbau zum Vorschein. Nachdem festgestellt worden war, dass Bastionen im Stil der Konzeptidee gar nicht existierten, wurde ein grösserer Ausschnitt der Gesamtanlage als Modell beschlossen. Die Wahl fiel auf den Ausschnitt beim Neutor, welches bis heute erhalten ist.

Nach der Fertigstellung der drei Breisacher Modelle keimte bei Marius Rappo der Wunsch, sich wieder ausschliesslich der Kunst zuzuwenden. Doch es sollte anders kommen.

1   Emil Göggel: Stadt Breisach – 300 Jahre Baumeister Vauban, in: Badische Zeitung, 1.12.2007.

Standort **Museum für Stadtgeschichte, Breisach am Rhein (D)**
Auftraggeber **Stadt Breisach**
Wissenschaftliche Begleitung **Dr. Christa Hess, Carl Helmut Steckner, Uwe Fahrer**
Datierung Situation **um 1680**

Modell 1: Arbeiten am Fundament
Bauzeit Modell **1990/91**
Masse **110 × 110 × 35 cm**
Massstab **1:25**

Festungsbau Breisach am Rhein
Modell 1: Arbeiten am Fundament

Breisach am Rhein, Deutschland

68 // Werkkatalog / **Festungsbau Breisach am Rhein Modell 1** – Museum für Stadtgeschichte, Breisach (D)

69 // Werkkatalog / Festungsbau Breisach am Rhein Modell 1 – Museum für Stadtgeschichte, Breisach (D)

Ansicht mit Materialtransport
und Feldschmiede

Sägen eines Stammes zu
Brettern

Feldschmiede

Ansicht mit Rammmaschine
in Betrieb

Schotter wird in den
Holzrost gefüllt

Rammmaschine im Einsatz

Materialtransport der Holzpfähle mit Eisenschuhen

Holzrost, Detail von oben

Standort **Museum für Stadtgeschichte,
    Breisach am Rhein (D)**
Auftraggeber **Stadt Breisach**
Wissenschaftliche Begleitung **Dr. Christa Hess,
    Carl Helmut Steckner, Uwe Fahrer**
Datierung Situation **um 1680**

Modell 2: Bau des Hauptwalls
Bauzeit Modell **1990/91**
Masse **110 × 110 × 70 cm**
Massstab **1:25**

Festungsbau Breisach am Rhein
Modell 2: Bau des Hauptwalls

Breisach am Rhein, Deutschland

Hoher Besuch auf der Baustelle:
Vauban und sein Baumeister

Hauptwall im Bau mit provisorischer
Brücke

76 // Werkkatalog / **Festungsbau Breisach am Rhein Modell 2** – Museum für Stadtgeschichte, Breisach (D)

Schnitt durch Hauptwall mit schematischer Aufzeichnung der Konstruktion

Steinmetze

Einfacher Materialaufzug   Steinmetze

Pinkelpause   Transport der Ziegelsteine

Maurerarbeiten

Abdecken der Wallkrone
mit Grasziegeln

Standort **Museum für Stadtgeschichte,
　Breisach am Rhein (D)**
Auftraggeber **Stadt Breisach**
Wissenschaftliche Begleitung **Dr. Christa Hess,
　Carl Helmut Steckner, Uwe Fahrer**
Datierung Situation **um 1680**

Modell 3: Neutor
Bauzeit Modell **1994 / 1995**
Masse **150 × 80 × 12 cm**
Massstab **1:350**

Festungsbau
Breisach am Rhein
Modell 3: Neutor

Breisach am Rhein, Deutschland

85 // Werkkatalog / **Festungsbau Breisach am Rhein Modell 3** – Museum für Stadtgeschichte, Breisach (D)

Sicht vom freien Feld (Glacis) auf die Befestigung

Brückenkonstruktion mit zwei Zugbrücken beim Haupttor

Weg über Vorwerk (Ravelin) und Brücke zum Neutor – der aufgehellte Teil rechts der Brücke an Befestigung und im Wasser entspricht der Grösse von Modell 2.

Munitionsdepot

Situation Stadt, Neutor und Bastion

Aufsichten Neutor und Ravelin

Standort **Schweizerisches Landesmuseum Zürich**
Auftraggeber **Schweizerisches Landesmuseum Zürich**
　für die Wanderausstellung «Gold der Helvetier»
Wissenschaftliche Begleitung **Dr. Felix Müller (Historisches Museum Bern)**,
　Christoph Jäggy (Goldschmied, Basel)
Datierung Situation **1. Jh. v. Chr.**
Bauzeit der Modelle **1990/1991**

Gold der Helvetier

Zürich

Zum 700-jährigen Jubiläum der Eidgenossenschaft im Jahr 1991 wurde die Wanderausstellung «Gold der Helvetier» konzipiert und in Zürich, Lugano Basel und Bern gezeigt. Frühe Goldfunde der keltischen Bewohner Helvetiens wurden aus zahlreichen Museen in der Schweiz und dem Ausland für das Projekt zusammengeführt und stellten die damalige Kultur anschaulich dar.

Marius Rappo beschäftigte sich zu dieser Zeit mit den Modellen der Vauban-Festungsanlagen aus dem 17. Jh. in → *Breisach* und wollte sich nach deren Beendigung wieder ausschliesslich seiner Kunst widmen. Dieser Vorsatz war schnell dahin – zu spannend war die Aufgabenstellung und Thematik für das «Gold der Helvetier». Goldgewinnung, Goldverarbeitung, Münzprägung und Weihe an die Götter waren die Themenfelder, die in vier Modellen im Massstab 1:10 realisiert werden sollten – ein Massstab, der sich bereits bei der → *Römischen Mannschaftsbaracke* wegen der Machbarkeit und Aussagekraft der gut sichtbaren Details bewährt hatte.

Die thematischen Vorschläge zum «Gold der Helvetier» reichte Marius Rappo in zeichnerischer Form ein: Drei kleine intensive Weltausschnitte auf quadratischem Grundriss mit 44,5 cm Kantenlänge und für die Goldverarbeitung ein Rechteck von 124,5 × 44,5 cm, wo die verschiedenen Arbeitsschritte der Verarbeitung gut sichtbar dargestellt werden konnten.

> *«Auch wenn uns die historischen Quellen nur spärlich Auskunft über spezielle Verfahren geben, so dürfen wir doch auf der Grundlage von Beobachtungen an den erhaltenen keltischen Objekten davon ausgehen, dass wir es mit wahren Meistern der Goldschmiedekunst zu tun haben. Bemerkenswert ist auch die Tatsache, dass im Laufe der letzten zweitausend Jahre keine grundlegende Weiterentwicklung des Goldschmiedehandwerks mehr stattgefunden hat, abgesehen von gewissen technischen Neuerungen wie zum Beispiel dem Einsatz von Brenngasen. Alle wesentlichen, auch heute noch benutzten Arbeitstechniken waren in keltischer Zeit bekannt und bis zu einer grossen Perfektion entwickelt.»* [1]

Modell 1:
Goldgewinnung

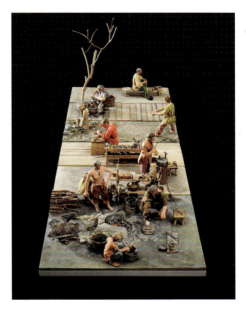

Modell 2:
Goldverarbeitung

Modell 3:
Münzprägung

Modell 4:
Weihe an die Götter

Um der Vorstellung eines kleinen Weltausschnitts möglichst nahe zu kommen, zeigen die Modelle den gesamten Ablauf der Gewinnung und Herstellung von Schmuckstücken und Münzen. Die Ränder der Modelle sind weder mit einem Rahmen gefasst noch monochrom bemalt. Dadurch wird eine hohe Sichtbarkeit des Dargestellten erreicht und im Speziellen dort, wo Wasserzonen angeschnitten sind, eine spannungsvolle Tiefenwirkung erzeugt.

Handwerk und Handwerker sowie die kultische Handlung der Weihe an die Götter machten die Darstellung von Menschen unabdingbar. Die Hände der Handwerker sind bewusst etwas grösser als nötig gestaltet, um dadurch auf ihre Tätigkeit hinzuweisen. Die Kleider der Menschen sind gemäss Vorgaben gefertigt, die handelsüblichen Karostoffe jedoch waren für den Massstab 1:10 zu gross. Die Lösung lag darin, dass der Modellbauer die Muster eigenhändig mit Filzstift auf feinen Leinenstoff gezeichnet hat – den Kleiderstoff eigens herstellen zu lassen, war aufgrund des engen Zeitrahmens und des Budgets keine Option.

Den Entscheid, sich erneut der Modellwelt zuzuwenden, hat Marius Rappo nicht bereut:

«*Das hat so viel Spass gemacht – in meiner künstlerischen Tätigkeit hätte das nie Platz gehabt!*»

1 Jäggy, Christoph: Gold – vollkommenes Metall und idealer Werkstoff, in: Schweizerisches Landesmuseum: Gold der Helvetier. Keltische Kostbarkeiten aus der Schweiz, Einsiedeln 1991, S. 41.

Standort **Schweizerisches Landesmuseum Zürich**
Auftraggeber **Schweizerisches Landesmuseum Zürich**
   für die Wanderausstellung «Gold der Helvetier»
Wissenschaftliche Begleitung **Dr. Felix Müller (Historisches Museum Bern),**
   Christoph Jäggy (Goldschmied, Basel)
Datierung Situation **1. Jh. v. Chr.**

Modell 1: Goldgewinnung
Bauzeit Modell **1990 / 1991**
Masse **44,5 × 44,5 × 35 cm**
Massstab **1:10**

Gold der Helvetier
Modell 1: Goldgewinnung

Zürich

Zur Goldgewinnung werden Waschtisch und Waschpfanne verwendet. Goldhaltiger Flusssand wird auf den Waschtisch geschaufelt und mit Wasser übergossen – so wird leichteres Material weggespült und das Gold bleibt zurück. Neben dem Arbeitsmaterial für die Goldgewinnung ist im Modell auch ein Traggestell mit kunstvoll aufgebundenem Alltagsmaterial dargestellt – die Szene wird von einer Bachstelze beobachtet.

Fehlten für Modelldetails wissenschaftlich gesicherte Funde, so entwickelte Marius Rappo deren Aussehen und Funktionsweise anhand der bekannten Daten. Dass er damit bisweilen richtig lag, bestätigen nachgelieferte Erkenntnisse:

> «Nachdem Ötzi zum zweiten Mal das Licht der Welt erblickt hatte, wurde mir zugetragen, dass mein Traggestell, welches ich für die Goldwäscher entwickelt hatte, mehr oder weniger mit jenem vom ‹Mann aus dem Eis› identisch sei.»

Flusssand wird auf den Waschtisch geschaufelt

Nachgiessen von Wasser

Goldwaschen mit Waschpfanne

Standort **Schweizerisches Landesmuseum Zürich**
Auftraggeber **Schweizerisches Landesmuseum Zürich**
  für die Wanderausstellung «**Gold der Helvetier**»
Wissenschaftliche Begleitung **Dr. Felix Müller (Historisches Museum Bern),**
  Christoph Jäggy (Goldschmied, Basel)
Datierung Situation **1. Jh. v. Chr.**

Modell 2: Goldverarbeitung
Bauzeit Modell **1990/1991**
Masse **124,5 × 45 × 30 cm**
Massstab **1:10**

Gold der Helvetier
Modell 2: Goldverarbeitung

Zürich

Für die Herstellung des Torques, eines offenen Halsreifs mit speziell gefertigten Enden, braucht es verschiedene Arbeitsschritte. Schmelzen und Giessen, Schmieden und Ziselieren, Draht ziehen, Löten, Schleifen und Polieren – alles wird im Modell sichtbar. Die Erwachsenen werden bei der Arbeit gezeigt, ein Kind werkelt mit Lehm und Wasser in einem Holzgefäss.

Gold wird nach dem Schmelzen in eine Form gegossen

Goldguss (Detail)

Kind vertreibt sich die Zeit am Lehmtopf

98 // Werkkatalog / **Gold der Helvetier Modell 2** – Schweizerisches Landesmuseum Zürich

Ziehen des Golddrahtes

Verschiedene Arbeitsschritte:
Gold Schmieden, Ziselieren und
Polieren

Verschiedene Arbeitsschritte: Polieren (im Vordergrund das Holzetui für den Torques), Löten und Draht Ziehen

Standort **Schweizerisches Landesmuseum Zürich**
Auftraggeber **Schweizerisches Landesmuseum Zürich**
 für die Wanderausstellung «Gold der Helvetier»
Wissenschaftliche Begleitung **Dr. Felix Müller (Historisches Museum Bern),
 Christoph Jäggy (Goldschmied, Basel)**
Datierung Situation **1. Jh. v. Chr.**

Modell 3: Münzprägung
Bauzeit der Modelle **1990/1991**
Masse **44,5 × 44,5 × 35 cm**
Massstab **1:10**

Gold der Helvetier
Modell 3: Münzprägung

Zürich

Die Münzprägung war ein sensibler Vorgang. Das Gold wurde zu gleichen Portionen in eine Tüpfelplatte abgefüllt und eingeschmolzen, danach weiterverarbeitet. Der Arbeitstisch ist mit Präzisionswerkzeugen bestückt, die Temperatur des Feuers wird per Blasebalg gesteuert – und damit der kostbare Rohstoff nicht abhanden kommt, hat der Modellbauer den Arbeitern einen Aufpasser mit Hund zur Seite gestellt.

Chef-Aufpasser in Pose

Abwägen von Gold (Detail)

Gold wird abgewogen und in eine Tüpfelplatte gefüllt

Anfachen der Kohleglut mit Blasebalg

Standort **Schweizerisches Landesmuseum Zürich**
Auftraggeber **Schweizerisches Landesmuseum Zürich**
  für die Wanderausstellung «Gold der Helvetier»
Wissenschaftliche Begleitung **Dr. Felix Müller (Historisches Museum Bern)**,
  Christoph Jäggy (Goldschmied, Basel)
Datierung Situation **1. Jh. v. Chr.**

Modell 4: Weihe an die Götter
Bauzeit Modell **1990/1991**
Masse **44,5 × 44,5 × 35 cm**
Massstab **1:10**

Gold der Helvetier
Modell 4: Weihe an die Götter

Zürich

An einem Seeufer wird die Weihe an die Götter dargestellt. Eine Gruppe von Gläubigen versammelt sich mit einem Priester vor einer im Wasser stehenden Götterstatue.

Neben den verschiedenen Gaben – zerstörte Waffen und Früchte – wird der im Nebenmodell hergestellte Gold-Torques geopfert. Doch wieso versteckt ein Mann hinter seinem Rücken ein Huhn? Will er es nicht als Opfer hergeben?

Zerstörte Waffen als Opfergaben im Wasser

Teilnehmer während der Opferzeremonie

Kniender Priester　　　Opferzeremonie

Gläubige mit Opfergaben　　　Tieropfer

Auftraggeber **Wein- und Heimatmuseum, Durbach (D)**
Wissenschaftliche Begleitung **Dr. Petra Rohde**
Bauzeit Modell **1992/1993**
Datierung Situation **1832**
Masse **140 × 110 × 70 cm**
Massstab **1:100**

Schloss Staufenberg

Durbach, Deutschland

Errichtet im 11. Jh. durch die Zähringer, erhielt die Burg ihren Namen vom althochdeutschen «Stauf», was einen kegelförmigen Berg bezeichnet. Genau auf einem solchen 380 m hohen Berg thront die Burg Staufenberg. An den Berghängen wurde schon früh Wein kultiviert, auch spätere Besitzer, die Markgrafen von Baden, führten diese Tradition fort. So erliess Christoph von Baden 1495 ein erstes Weinbaugesetz, Carl Friedrich Markgraf von Baden setzte gegen Ende des 18. Jh. Standards für den badischen Qualitätsweinbau fest und initiierte damit die Riesling-Tradition in der Ortenau.

Dazwischen aber wurde die Burganlage im Dreissigjährigen Krieg unter dem Sonnenkönig Louis XIV geplündert und sollte in eine französische Festung umgebaut werden. Erst Ludwig Wilhelm Markgraf von Baden, das Patenkind des Sonnenkönigs, konnte 1693 den Familienbesitz wieder zurückkaufen. Der Umbau von 1832 zum romantischen Schloss hat sich bis heute gehalten, das Modell stellt diesen Zustand dar.[1]

Von grossem Wert für den Bau dieses Modells war der kolorierte «Geometrische Prospect von dem Fürstlichen Bergschloss Staufenberg» aus dem Jahr 1773. Er zeigt einen Längs- und einen Querschnitt, bildet aber nicht ausschliesslich die Schnittebene ab, sondern zeigt perspektivisch auch die dahinterliegenden Gebäude.

Im Modell wird die gesamte Anlage von Schloss Staufenberg inklusive der umgebenden Rebberge gezeigt. Gärtner bemühen sich um die Bepflanzungen, ältere Leute halten beim Baum einen Schwatz, die Wäsche trocknet an der Leine, im Hof steht ein Küfer bei seinen Fässern, ein Pferd schaut aus dem Stall und überblickt die Szenerie.

Nach → *Gold der Helvetier* wird der Rand des Modells auch hier unkonventionell ausgestaltet. Der angeschnittene Felsen, auf dem die Burg thront, sollte keinesfalls die Härte eines klassischen grauen Abschlusses erhalten. Die Lösung für die Darstellung bestand in einer Abstraktion: Die Farbe wurde mit einem Strukturschwamm auf das Modell getüpfelt und simuliert Zugänglichkeit. Damit setzte sich Marius Rappo über die lange anhaltende Meinung im Modellbau hinweg, dass die Ränder sich deutlich vom Modell absetzen sollen. Seine Ränder sind nicht länger als Fremdkörper gestaltet, sondern in der Farbigkeit dem Modell angepasst. Dies missfiel wohl nicht nur jenem Professor, der bereits bei den Basler Modellen als wissenschaftlicher Berater beigezogen wurde. Dessen Haltung war klar:

«*Modellränder sind immer grau, fertig!*»

1   www.schloss-staufenberg.de (18.6.2017).

// Werkkatalog / **Schloss Staufenberg** – Wein- und Heimatmuseum Durbach (D)

Ansicht von Nord-Ost

Blick über den Rebberg

Nordseite der Schlossanlage

Südseite der Schlossanlage

Toreinfahrt

Blick auf Kapelle und Küferei

Schlosshof mit Linde

Innenhof der Schlossanlage

Schloss Staufenberg aus der Vogelperspektive

Auftraggeber **Kanton Aargau, für die Wanderausstellung «Die Habsburger zwischen Rhein und Donau»**
Projektleitung **Christoph Döbeli, Geschichtswerkstätte, Basel**
Wissenschaftliche Begleitung **Peter Frey, Kantonsarchäologie Aargau**
Zusammenarbeit mit **Stephan Siegwart (CAD-Pläne, Frick)**
 Firma Guido Saner (Technischer Modellbau, Büsserach)
Bauzeit Modell **1995/1996**
Datierung Situation **um 1200**
Masse **98,2 × 59,9 × 23,3 cm**
Massstab **1:200**

Habsburg

Habsburg

Auf dem Wülpelsberg wurde unter Radbot um 1020/1030 die Habsburg gebaut. Der Burgname wurde um 1100 zum Familiennamen der Besitzer, und die Grafen von Habsburg bewohnten die Stammburg bis 1230. Danach verlieh das aufstrebende Grafengeschlecht die Anlage an Dienstadlige: Die hintere Burg ging an die Truchessen von Habsburg-Wildegg, die vordere an die Herren von Wülpelsberg und später an die Ritter von Wolen. 1371 wurden die beiden Burglehen unter Henman von Wolen wieder vereinigt. Mit dem Einmarsch der Eidgenossen 1415 verloren die Habsburger ihre Stammburg an Bern, 1457 gelangte die Habsburg bis zur Reformation 1528 in den Besitz des Klosters Königsfelden. Danach fiel sie – unterdessen zu zwei Dritteln kaputt – wieder an Bern zurück.

1804 kam die Habsburg in den Besitz des Kantons Aargau, seit 2009 ist sie Teil vom Museum Aargau.

Ab 1866 liess der Kanton Aargau Renovationen durchführen. Der aktuelle Ausbau von Palast und Innenhof in der Hinteren Burg entstammt einem neuzeitlichen, nicht genau datierbaren Umbau und den Renovationen ab 1866. Von 1978 bis 1983 wurde die Ruine der Vorderen Burg ausgegraben und konserviert, der Burghof in den Jahren 1994/95 untersucht.[1]

Im Rahmen der Wanderausstellung «Die Habsburger zwischen Rhein und Donau» sollten das Stammhaus Habsburg im Aargau und die Hohlandsburg im Oberelsass bei Wintzenheim als Modelle gezeigt werden. Realisiert wurde schliesslich die Habsburg, dafür in zweifacher, unterschiedlicher Ausführung.

Beide Rohmodelle wurden mit einer CNC-Fräse aus einem MDF-Block herausgefräst, die Umfassungsmauern und die Bauten gemäss dem klassischen Architekturmodellbau mit Säge und Bandschleifer hergestellt. Diese Rohmodelle wurden Marius Rappo zur weiteren Bearbeitung übergeben.

Das eine Modell sollte minimale Verfeinerungen an Mauern, Häusern und Dächern sowie eine knappe Ergänzung des Sodbrunnens erhalten. Das Terrain mit den Höhenkurven wurde belassen und mit einem einheitlichen Anstrich versehen, ebenso die Bauten, die in einem beigen Ton gestrichen wurden.

Modell 1A (Rohmodell)
Ausstellung in der Habsburg

Modell 1B (ausgestaltetes Modell)
Wanderausstellung

Das andere Modell durfte in der Ausformung weiter gehen. Das Terrain ist ausgeebnet, die Höhenkurven verschwunden, Felsen, Grasbewuchs und Strassengestaltung erzeugen eine Realitätsnähe. Die beiden Burgteile wurden nachgezeichnet: raue Burgmauern mit Schiessscharten und Luken auf den Wachttürmen, der Sodbrunnen erhielt eine Zugvorrichtung.

Aber das war es dann auch schon in der gestalterischen Freiheit, mehr war nicht erwünscht. Anhand dieser Erfahrung wurde Marius Rappo bewusst, was es heisst, nur einen Teil des Modells selber herzustellen: Die Nähe zum Objekt, zum Terrain war niemals so intensiv wie bei Modellen, die er selber von Grund auf entwickelt und gebaut hat. Die ganze Fantasiewelt, die sich sonst während des Baus innerhalb der Mauern entwickelt hat, das Eintauchen in die jeweilige Zeit und Situation hat sich bei den Habsburger Modellen aufgrund der Aufgabenstellung nicht eingestellt – eine Distanz ist geblieben.

1 www.ag.ch/de/bks/kultur/museen_schloesser/schloss_habsburg/schloss_habsburg.jsp (18.6.2017).

126 // Werkkatalog / **Habsburg** – Habsburg

Modell 1B, Ansicht von Osten

Modell 1B, Nordansicht

Modell 1B, Blick in den Hof mit Sodbrunnen

Modell 1B, Südansicht

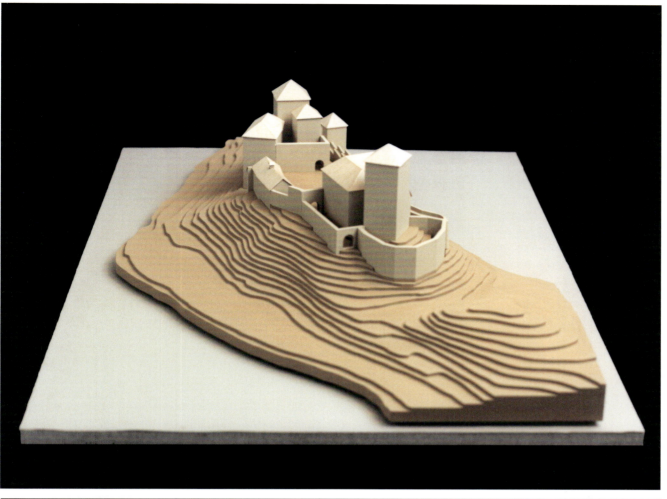

Modell 1A,
Aufsicht von Osten

Modell 1B,
Aufsicht von Osten

Standort **Château de Prangins, Schweizerisches Landesmuseum, Prangins**
Auftraggeber **Schweizerisches Landesmuseum, Zürich**
Wissenschaftliche Begleitung **Dr. Thomas Loertscher**
Bauzeit Modell **1996–1998**
Datierung Situation **1738**
Masse **300 × 200 × 75 cm**
Massstab **1:50**

Bauplatz Schloss Prangins um 1738

Prangins

Das Schloss Prangins wurde im französischen Stil der Aufklärung als Adelssitz erbaut und beherbergte im Lauf der Zeit verschiedene illustre Menschen. 1975 wurde das Schloss der Eidgenossenschaft geschenkt, und seit 1998 befindet sich die Westschweizer Zweigstelle des Schweizerischen Nationalmuseums darin. Rechtzeitig zu deren Eröffnung und für die folgende Dauerausstellung sollte ein grossmassstäbliches Modell aus der Geschichte von Schloss Prangins gefertigt werden. Auftraggeber der fürs Modell gewählten letzten Bauetappe dieses Erweiterungsbaus von 1737–1739 war Baron Louis Guiguer, der im Ausland zu Reichtum gekommen war. Bereits 1723 kaufte er das Château de Prangins mitsamt der dazugehörenden Herrschaft und liess es für sich und seine Familie renovieren. In einem zweiten Anlauf wurden ab 1737 bis auf den Nordflügel und die Conciergerie alle Gebäudeteile abgerissen – und neu gebaut. Baron Guiguer wollte mit dem neuen Prangins seinem Neffen und Erben, dem Londoner Bankier Jean-Georges, eine standesgemässe Bleibe hinterlassen – auch, weil dieser 1735 Guiguers Adoptivtochter Elisabeth Augustine Darcy geheiratet hatte.[1]

Der Bauplatz von Schloss Prangins aus dem Jahr 1738 ist Marius Rappos letzte Modellbauarbeit. Zum Zeitpunkt des Baus war ihm das aber noch nicht bewusst. Die Aufgabe war in mehrfacher Hinsicht gross: Der abzubildende Geländeausschnitt ist 150 m lang und 100 m breit – was im Massstab 1:50 einer Modellgrösse von zwei auf drei Metern entspricht.

Die Modellbauzeit betrug zwei Jahre. Die Planungsphase war geprägt von Unsicherheit und Unentschiedenheit, immer wieder wurden vom Auftraggeber neue Varianten verlangt. Die dadurch bedingten Verzögerungen bewirkten, dass das Modell zur Eröffnung des Landes-

museums in Prangins nicht fertig wurde. Die Verantwortlichen verpflichteten den Modellbauer zu einer ersten Präsentation an der Eröffnung – und definierten für die definitive Fertigstellung einen späteren Termin. Bei Überschreitung des Termins würde jeder zusätzliche Tag mit einer Konventionalstrafe von 1000 Franken belastet. Die Umsetzung der Anforderungen, die hohen Selbstansprüche des Modellbauers und der damit verbundene Stress kosteten ihn neben intensiver Arbeit und schlaflosen Nächten obendrauf auch vier Zähne.

1 Hicklin, Martin: Ein Schloss, in Basel gebaut, in: Basler Magazin, Nr. 1, 9.1.1999, S.12f.

Und die weitere Bilanz für den Überblick
200 kg Material
83 Menschenfiguren (davon 75 Männer, 4 Frauen, 4 Kinder)
18 Tiere (12 Pferde, 3 Hunde, 3 Katzen, 1 Frosch)
12 Fuhrwerke, 1 Holzkran, diverse Werkzeuge und Material
3870 Arbeitsstunden (3610 Stunden Marius Rappo, 260 Helferstunden)

Ein Schloss, in Basel gebaut

Nach zwei Jahren Bauzeit steht das Werk im Schloss seines Vorbilds: Das sensationelle Modell des Château Prangins – ein Prunkstück im Arsenal der welschen Filiale des Landesmuseums.

Sommer 1738, Schauplatz Prangins, ein Winzerdorf bei Nyon: Gerade biegt das Fuhrwerk auf dem Weg vom Dorf zum Schloss um die Ecke. Der lange Baumstamm macht dem Pferd zu schaffen, der Mergel knirscht. Locker nur hält der Fuhrmann die Zügel. Bald wird er im Bauhof sein, errichtet mitten im sorgfältig angepflanzten Gemüsegarten. Gerade sind zwei Zimmerleute dabei, einen Stamm in Balken zu zersägen, Steinmetze behauen Sandsteinquader. Das Plätschern des Springbrunnens ist bei diesem Lärm kaum mehr zu hören. Dafür das Bellen der beiden schwarzen Hunde, die jenseits der Umfassungsmauer dabei sind, sich zu verfolgen. Die Kröte in der Luke sieht dem Treiben der Jäger aus ihrem Versteck in der Mauer verwundert zu. Ja, heute ist wieder was los auf Schloss Prangins. Hier wird gebaut, was die Hände hergeben. Baron Guiguer will Resultate sehen und diskutiert mit dem Architekten.

All dies zeigt sich in einer faszinierenden stillstehenden Momentaufnahme eines beachtlichen Modells, das Marius Rappo in feinsten Details ausgearbeitet hat. Zwei Jahre filigraner Arbeit waren nötig, bis diese Szenerie bis auf den letzten Grashalm stand. Das Künstleratelier in der Kaserne Basel bildete Werkstatt und kreativer Raum für einen der besten Fachmänner in der Darstellung historischer Szenerien im Modell. Das Werk mit dem Titel «Construire un Château au 18ème siècle» wurde vom Schweizerischen Landesmuseum für das welsche Standbein in Prangins in Auftrag gegeben. Doch vom Auftrag bis zur Vollendung des Werks war ein langer Weg zu begehen.

Diese Welt im Kleinen nachzubauen, ist ein herausfordernder und erstaunlich schöpferischer Prozess. Dem Modellbauer geht es da wie Gulliver bei den Liliputanern, alles wird verdammt winzig, wo man hinlangt, kann etwas kaputtgehen, und die Winzlinge machen einem schön zu schaffen.

Für die Umsetzung in den Modellmassstab mussten die historisch belegten Fakten stimmen – da darf sozusagen auch der Baron keine Armbanduhr tragen. Der Modellbauer muss sich genau ausdenken, was wo dargestellt werden, was fertiggebaut sein soll, wo man noch die Zwischenetappen erleben und welche in der damaligen Zeit benutzten Gegenstände ausgelegt werden sollen.

Marius Rappo hat einen ganzen Stoss von Plänen gezeichnet und mit Historiker und Bauforscher Loertscher besprochen. Wie eine Theaterszene mit Kulissen und Schauspielern ist alles sorgfältig inszeniert. Da das Modell erst noch von allen Seiten betrachtet werden kann, verbieten sich faule Tricks, gibt es keine Potemkinschen Dörfer, hinter deren Fassaden nur noch Stützgerüste zu finden sind.

Fertig kaufen kann Rappo ohnehin fast nichts. Jedes Ding, sei es nun eine Dachziegelreihe oder Bauabfall im Modell, muss aus geeignetem Material hergestellt werden. Leergepflückte Holunderdolden etwa dienen als Konstruktionsmaterial für die Bäume, einige Gemüse im Garten bestehen aus gehackten Kastanienblättern, getrocknet, geleimt und wieder eingefärbt. Auch scheinbar banale Dinge wie eine grüne Wiese müssen so gestaltet sein, dass sie natürlich wirken.

«Ich muss immer neu experimentieren und habe dabei manche überraschende Entdeckung gemacht», sagt der Künstler. Im Atelier Rappo stehen in den Regalen denn auch Gläser und Schachteln mit den unterschiedlichsten Materialien, Möbel mit vielen schmalen Schubladen enthalten präpariertes Material, Pferde, Menschen oder die Formen dazu. Einen Goldschmiedewerkplatz hat es für feine Arbeit.

Für die Pferde, für Wagenräder, selbst für die winzigen Schäufelchen und Bandsägen mussten Formen geschaffen werden, in denen die Gegenstände aus gegossenem Zinn entstehen können. Bücher und Nachschlagewerke mussten konsultiert werden, um etwa einwandfrei herauszufinden, mit welchen Werkzeugen denn ein Zimmermann in der ersten Hälfte des 18. Jahrhunderts gearbeitet hat. Marius Rappo hat entsprechend diesen Vorlagen – allen voran jene der französischen Faktensammler Diderot und D'Alembert – etwa einen perfekten Baukran gebaut, der gerade die oberste Geschosshöhe des eingerüsteten Schlossflügels erreicht und von einem Mann angetrieben wird, der sich in einem riesigen Tretrad befindet. Ob in Prangins je ein solches Gerät verwendet worden ist, weiss man leider nicht, aber wenn doch, dann war es eines wie dieses.

Dass man sich von etwas, das einen zwei Jahre in Bann geschlagen hat, nicht so leicht trennt, das wusste auch Marius Rappo. Als das Werk fertig war, lud er Freunde und Bekannte zur Besichtigung ins Atelier, um sich, wie er sagt, durch Teilen den Abschied zu erleichtern. Dann ist das Modell wieder an den Genfersee gefahren. Seit da liegt es geschützt vor Staub, neugierigen Fingern und Fingerchen wie Schneewittchen unter einer Glashaube, die Figuren auf dem Bauplatz erstarrt. Aber wenn die Museumswächter schlafen, der Mond scheint und die Uhr auf zwölf geht, dann arbeiten sie vielleicht noch etwas weiter, rennen die Hunde mal eine Runde, vertritt die Kröte sich die Beine und überlegt sich Baron Louis Guiguer vielleicht noch einmal, ob er nicht doch alles völlig anders bauen lassen sollte …

Martin Hicklin

Auszug aus: Hicklin, Martin: Ein Schloss, in Basel gebaut, in: Basler Magazin, Nr. 1, 9.1.1999, S.12f.

Nordansicht Bauplatz Schloss Prangins

Arbeitssituationen im Hof: Steinmetze, Schreiner, Zimmermänner

Einblicke in die Baustelle

Ostansicht Bauplatz

Dachdecker und Maler an der Arbeit

Lastenaufzug und Steinmetze
an der Arbeit

Bauplatz mit Treppenaufgängen

Die Bauherrschaft inspiziert den Bauplatz

Autorenangaben

Marius Rappo wurde 1944 in Schmitten (FR) geboren. Nach einer Lehre als Vermessungszeichner besuchte er 1964 die Malklasse der Kunstgewerbeschule Basel. Seit 1967 arbeitet Marius Rappo im eigenen Atelier in der Kaserne und lebt auch in Basel.

Zwischen 1979 und 1998 sind parallel zur künstlerischen Tätigkeit 18 historische Modelle für Museen in der Schweiz und in Deutschland entstanden, ab 1999 stehen die Themen Raum, Raumillusion, Einblick, Durchblick Raster und Abwicklung im Zentrum der künstlerischen Arbeit. Dazu sind vor allem Zeichnungen, Skulpturen und Holzschnitte entstanden.

Martina Desax ist promovierte Kunsthistorikerin mit Schwerpunkt Architektur.

Sie recherchiert, konzipiert und schreibt freiberuflich und unterstützt den MODELLrappoRT seit 2015.

Regula Rappo-Raz ist Lehrerin für bildnerisches Gestalten, Sprache und Werken. Als Partnerin von Marius Rappo begleitete sie viele Modellbauprojekte und erlebte die intensiven Auseinandersetzungen und Arbeiten am Modell hautnah.

Der Herausgeber hat sich bemüht, sämtliche Copyright-Inhaber ausfindig zu machen und ihr Einverständnis zum Abdruck einzuholen. Falls Copyright-Inhaber übersehen wurden, bitten wir die Betroffenen, sich mit dem MODELLrappoRT-Team in Verbindung zu setzen.

Bildnachweis

Metropolitain Museum, New York Public Domain, Seite 8
SkyscraperCity, Seite 9
culturacheappaga.blogspot.com, 10. Oktober 2012, Seite 9
Museo dell' Opera del Duomo, Florenz, Seite 10
Artribune, Seite 11
Rom über die Alpen tragen. Fürsten sammeln antike Architektur. Die Aschaffenburger Korkmodelle, bearbeitet von Werner Helmberger und Valentin Kockel, Landshut/Ergolding, 1993, S. 345, Farbabb. 22
    Seite 11
Historisches Museum Basel,
    Fotograf: Humbert und Vogt, Basel, Seiten 15–33
    Fotograf: Peter Heman, Seiten 34–43
Rätisches Museum Chur
    Fotograf: Claude Giger, Seiten 45–55
Museum «Höfli», Bad Zurzach
    Fotograf: Claude Giger, Seiten 57–63
Museum für Stadtgeschichte, Breisach am Rhein (D)
    Fotograf: Claude Giger, Seiten 65–87
Schweizerisches Nationalmuseum, Zürich
    Fotograf: Claude Giger, Seiten 89–113
    Fotograf: Serge Hasenböhler, Seiten 132, 134, 135, 138
Wein- und Heimatmuseum, Durbach (D)
    Fotograf: Claude Giger, Seiten 115–121
Habsburg
    Fotograf: Andreas Kugler, Seiten 123–127
Schweizerisches Nationalmuseum
    LM-78212, Seiten 129–139

Dank

Modelle 1979–1999 Mein Dank geht zuallererst an Rudolf Moosbrugger-Leu. Der ehemalige Lehrer war als Kantonsarchäologe in Basel tätig, und er war es, der mich bei unserer Begegnung in Rom zu dieser Art von Modellbau gebracht hat. Ruedi und seine Frau Gret sind bereits seit Längerem verstorben, sie hätten sich sicher mit mir gefreut, dass diese Publikation entstehen konnte.

Dann gilt mein Dank den Auftraggebern der Modelle und den jeweiligen wissenschaftlichen Begleitern. Ohne deren Kenntnisse, Recherche- und Dokumentationsarbeiten wäre ich nicht weit gekommen. Alle diese Personen werden im Buch bei den diversen Modellthemen erwähnt.

Im Buch nicht explizit aufgelistet sind die Frauen und Männer, welche in zeitlichen Engpässen mitgearbeitet haben. Sie möchte ich hier nennen: Robert Erb, Zeichnungslehrer; Sacha Schneider, Goldschmied; Maria Meyer, Studentin; Raphael Schicker, Goldschmied; Anita Hede, Künstlerin. Ich danke ihnen für ihren Einsatz, der manchmal wenige Tage, manchmal einige Monate gedauert hat.

Besonders danken möchte ich meinen Künstlerkollegen im Atelierhaus Klingental in Basel:

Corsin Fontana, mein Nachbar auf der linken Seite, ihn konnte ich bei gestalterischen Unsicherheiten holen, und das Gespräch mit ihm führte jeweils zu guten Lösungen. Mein damaliger Nachbar rechts war Serge Hasenböhler, er hat als Fotograf meine letzte Modellbauarbeit, Prangins, begleitet.

Einen grossen Dank spreche ich dem Künstlerkollegen PiRo Autenheimer aus. Er ist verstorben, doch für mich unvergessen bleibt, wie er mich während der verschiedenen Modellbauzeiten gern und oft besuchte und immer etwas zu hinterfragen hatte, sein kritisches Auge war unbestechlich.

Ich danke dem Kunsthistoriker, Hans Peter Wittwer, er war einige Monate im Atelier von Serge Hasenböhler zu Gast und hat mich in einer sehr schwierigen Bauphase beim Modell Prangins unterstützt und «aufgefangen». Es freut mich, dass er nun auch bei dieser Publikation mitgearbeitet und dazu die Einführung verfasst hat.

Die Zeiten, in denen ich mit dem Modellbau beschäftigt war, bedeutete für meine Familie eine Herausforderung, da ich mit meinem ganzen Wesen in das Thema eintauchte. Meine Frau Regula gestand mir jede zeitliche Freiheit zu und meinte: Marius hat wieder ein Verhältnis mit einem Modell – zum Glück eines mit zwei ll!

Ich danke Regula und unserer Tochter Luzia, die in diesen Momenten etwas auf mich verzichten mussten und immer viel Verständnis dafür zeigten.

Buchprojekt 2015–2018

Schon am Ende meiner Modellbautätigkeit, 1999, schwebte mir eine Publikation vor, in der all meine Modelle porträtiert sind. Die Idee konnte ich damals nicht umsetzen, es brauchte den Anstoss von aussen, die Kündigung meines Ateliers. Jetzt wollte ich ein Buch über meine Modelle machen.

Viele Menschen haben mich von Anfang an und bis zum Erscheinen des Buches darin unterstützt. Dazu gehören meine Familie, meine Freunde und Freundinnen und meine Künstlerkollegen im Atelierhaus.

Ich danke Regula, die seit Beginn überzeugt war vom MODELLrappoRT, und ich danke Martina Desax, die ihre Kenntnisse und ihre Erfahrung in das Projekt eingebracht hat und quasi zu meiner Ghostwriterin wurde. Ohne diese beiden Frauen wäre das Buch Traum geblieben.

Ich danke allen Spenderinnen und Spendern, die grosszügig mitgeholfen haben, dass aus dem Traum eine bibliophile Ausgabe geworden ist, namentlich Daniel und Lea Wenk Rappo, Vreni und Hans Richner, Sabine und Uwe, der Familie Blumer Fricker, Margrit Wenger, Sonja und Roger Bänninger, Annegret und Christoph Schneider, Andreas Guth und all den vielen Unterstützenden und Interessierten.

Dass das Buch so geworden ist, wie es jetzt vorliegt, dafür danke ich den beiden Grafikern Thomas Dillier und Beat Roth für die konstruktive und kreative Zusammenarbeit und dem Lithografen Fredi Zumkehr für die sorgfältige Aufbereitung der Bilder.

Luzia Rappo hat mich kompetent unterstützt in der Herstellung des Pop-up's, merci!

Danken möchte ich auch für die thematischen Beiträge von Andres Furger, Hans-Peter Wittwer, Christoph Jäggy, Alfred Hidber, Martin Hicklin, Viktor Fritz und Jürg Rageth.

Ein grosses Dankeschön geht nach Bern zu Matthias Haupt vom Haupt Verlag, er war von Anfang an begeistert, hatte Vertrauen in den MODELLrappoRT und nahm uns in sein Programm auf.

Ich danke den Museen, welche ihr Interesse am Projekt MODELLrappoRT bekundeten und durch Freigabe der Rechte mit zum Gelingen beitrugen.

Herzlichen Dank allen, die in irgendeiner Form beim Buchprojekt MODELLrappoRT mitgeholfen und mitgearbeitet haben.

Marius Rappo

Das Buchprojekt wurde unterstützt durch:
Bürgergemeinde der Stadt Basel
Frey-Clavel-Stiftung
E. Gutzwiller & Cie, Banquiers
Claire Sturzenegger-Jeanfavre Stiftung
Swisslos-Fonds Basel-Landschaft
Swisslos-Fonds Basel-Stadt

Impressum

1. Auflage 2018

Bibliografische Information der Deutschen Nationalbibliothek:
Die Deutsche Nationalbibliothek verzeichnet diese Publikation
in der Deutschen Nationalbibliografie; detaillierte bibliografische Daten sind im Internet über http://dnb.dnb.de abrufbar.

Copyright © 2018 Haupt Bern

Alle Rechte vorbehalten; kein Teil dieses Werkes darf
in irgendeiner Form ohne vorherige schriftliche
Genehmigung des Verlags reproduziert oder unter
Verwendung elektronischer Systeme verarbeitet,
vervielfältigt oder verbreitet werden.

Gestaltung und Layout: Bureau Dillier,
    Thomas Dillier und Beat Roth, Basel
Lithografie: Bildpunkt, Münchenstein
Druck: Eberl Print GmbH, Immenstadt
Bindung: Josef Spinner Großbuchbinderei GmbH,
    Ottersweier
Schriften: Theinhardt, Warnock

Der Haupt Verlag wird vom Bundesamt für Kultur mit einem
Strukturbeitrag für die Jahre 2016–2020 unterstützt.

ISBN 978-3-258-08062-8
www.haupt.ch

Printed in Germany

Marius Rappo –
die Welt
im Kleinen

:Haupt

Marius Rappo – die Welt im Kleinen

Historische Modelle
und ihre Geschichten

Modellbau

Regula Rappo-Raz | Martina Desax

Haupt Verlag

Inhalt

6	**Einleitung** Marius Rappo
8	**Idee, Konzept und Planung**
10	Munimentum prope Basiliam
12	Modell der Rheinbrücke mit Pfahlramme
14	Bronzezeitliche Siedlung Padnal/Savognin
16	Festungsbau Breisach am Rhein
18	Gold der Helvetier
19	Schloss Staufenberg
20	Bauplatz Schloss Prangins um 1738
22	**Modellskizze**
24	Gallorömischer Tempel
25	Bronzezeitliche Siedlung Padnal/Savognin
26	Römische Mannschaftsbaracke
27	Festungsbau Breisach am Rhein
28	Bauplatz Schloss Prangins um 1738
30	**Unterbau und Terrain**
32	Unterbau
34	Terrain
36	**Szenarien**
38	Gallorömischer Tempel
40	Munimentum prope Basiliam und Murus Gallicus
42	Modell der Rheinbrücke mit Pfahlramme
44	Bronzezeitliche Siedlung Padnal/Savognin
46	Römische Mannschaftsbaracke
48	Festungsbau Breisach am Rhein
54	Gold der Helvetier
60	**Unsere heutigen Goldschmiedewerkzeuge – ein jahrtausendjähriges Erbe** Christoph Jäggy
62	Schloss Staufenberg
64	Bauplatz Schloss Prangins um 1738
72	**Figuren**
74	Figuren 1:25
76	Figuren 1:33
78	Figuren 1:10
79	Figuren 1:350
80	Figuren 1:50

82	Gerätschaften und Tätigkeiten
84	Werkzeuge
86	Fuhrwerke und Räder
88	Waffen
90	Töpferwaren
92	**Bepflanzung**
94	Bäume mit Stamm und Krone
96	Weiss blühender Fruchtspalier
96	Tannen
97	Rebbau
97	Garten, Versuchsbeet
	98 Historische Modelle von Marius Rappo aus der Sicht des Architekturmodellbauers Victor Fritz
	99 Über den didaktischen Wert von realen Modellen Alfred Hidber
100	Logistik
102	Transport und Platzierung
104	Dokumentation
105	Pflege
106	**Fundus**
108	Schubladenschrank
109	Stulpschachtel
110	Tablar-Regal
111	Schubladenkorpus
112	**Autorenangaben**
113	**Bildnachweis**
114	**Dank**
116	**Impressum**

Einleitung

1979 wurde ich von Rudolf Moosbrugger-Leu gefragt, ob ich für das Historische Museum Basel ein Modell bauen könne. Er war Kantonsarchäologe und mit der Neugestaltung der Ausstellung «Die Frühe Stadtgeschichte Basels» am Historischen Museum Basel beauftragt. Aus dem Kontakt entstand bald eine enge Zusammenarbeit, und die langjährige Freundschaft gründete nicht zuletzt auf dem Interesse, das wir an der jeweiligen Welt des anderen hatten. Moosbrugger folgte mit Spannung meinen gestalterischen Überlegungen, und mir eröffnete sich durch ihn die Welt der Archäologie und der Geschichtswissenschaft.

Auf den ersten Auftrag folgten ein zweiter und dritter – und ehe ich mich versah, war ich zum Modellbauer für das Historische Museum Basel geworden und erhielt bald auch Anfragen von anderen Häusern: 1982 gelangte das Rätische Museum in Chur an mich, 1989 das Bezirksmuseum «Höfli» in Bad Zurzach, 1990 das Museum für Stadtgeschichte in Breisach am Rhein (D) sowie das Schweizerische Landesmuseum in Zürich. 1992 folgte das Wein- und Heimatmuseum in Durbach (D), 1995 fertigte ich ein Modell der Habsburg für die Ausstellung «Die Habsburger zwischen Rhein und Donau» an. Auf jeden Auftrag folgte ein neuer, und so kam es, dass ich in 19 Jahren 18 Modelle baute. Höhe- und Endpunkt dieser Laufbahn war 1996 der Auftrag des Schweizerischen Landesmuseums, ein Modell von Schloss Prangins zu bauen.

Bis dahin hatten mich die Modelle zwar bisweilen für ganze Monate absorbiert, daneben hatte ich jedoch immer Zeit für meine künstlerische Arbeit gefunden. Mit Schloss Prangins änderte sich alles. Bereits nach den ersten Gesprächen mit den Auftraggebern wurde mir klar, dass ich für gut zwei Jahre komplett beschäftigt sein würde. Bereits das Ausführungsmuster überschritt die Dimensionen meiner bisherigen Modelle. Zudem war mein Gegenüber nicht mehr nur ein Museumsmann mit einer klaren Idee des künftigen Modells, sondern ein Projektleiter, der die Wünsche und Vorstellungen eines ganzen Gremiums zu übermitteln hatte.

Ich genoss zwar die Grösse – und wohl auch das damit verbundene Prestige – des Auftrags, aber die zahlreichen Herausforderungen, die das Projekt auch für einen unterdessen erfahrenen Modellbauer mit sich brachte, war wie ein Kuckuckskind im Nest seiner Zieheltern. Die Intensität der Auseinandersetzung mit dem Thema des Baubetriebs aus dem 18. Jahrhundert und die Grösse des stetig wachsenden Modells, das langsam mein Atelier ausfüllte, stand meinen Pinseln und Paletten gegenüber, den Zeichenblöcken und Leinwänden, die mit immer lauter werdenden Stimmen fragten, wann ich denn endlich wieder einmal Zeit für sie hätte.

Für den Modellbau kamen mir zweifellos meine Ausbildung zum Vermessungszeichner, der Unterricht an der Schule für Gestaltung Basel und schliesslich auch die Einführung in die Kunst des Goldschmiedens durch meine erste Frau Beatrice Chiquet zugute. Bei vielen Arbeitsschritten konnte ich auf diese reichen Kenntnisse zurückgreifen und die einst erlernten Arbeitstechniken weiterentwickeln. Dennoch musste vieles dazugelernt werden: vor allem die Strukturierung in einzelne Projektphasen und ihre sinnbringende Abfolge. So muten die Planung und Realisierung meiner ersten Modelle rückblickend bisweilen experimentell an. Mit jedem neuen Auftrag wuchs meine Erfahrung, und mit der Zeit kristallisierte sich ein Vorgehen heraus, das sich auf Folgeprojekte übertragen liess.

In der Konzeption und in der Umsetzung stellten sich von Modell zu Modell Fortschritte ein. Dieser zweite Band meines «MODELLrappoRT»s soll genau davon handeln. Mir dient er als Rückblick und Résumé auf fast zwanzig Jahre Modellbau – aber ich verbinde auch eine Hoffnung damit: Es ist mir ein Anliegen, meine Erfahrungen all jenen mit auf den Weg zu geben, die sich in Beruf oder Freizeit mit dem Bau von Modellen beschäftigen. Dies anhand von konkreten Beispielen, illustriert durch Skizzen, Zeichnungen und Aufnahmen von Projektstadien, die im fertigen Modell nicht mehr zu sehen sind.

Die oben benannten Planungs- und Realisierungsschritte dienen der Gliederung der Thematik in einzelne, auch unabhängig voneinander konsultierbare Kapitel. Die langjährige Ära meines Modellbaus ist hiermit zusammengefasst. Vielleicht stillt dieser Band über den Modellbau auch die Neugier des einen oder anderen Lesers.

Marius Rappo

Idee, Konzept und Planung

Jedes Modell ist aufgrund einer Idee des Auftraggebers entstanden, bisweilen hatte dieser eine konkrete Vorstellung, wie es auszusehen hatte. Aufbauend auf diesen Vorgaben entstand mein Konzept. Dazu benötigte ich jeweils umfassendes Dokumentationsmaterial: Ausgrabungspläne, Fundobjekte – auch vergleichbare Funde – oder Darstellungen ähnlicher Situationen aus Publikationen. In diese Phase fiel auch die Festlegung des Massstabs – dieser ergab sich in der Regel aus den Aufgaben des Modells. Die Grösse des abzubildenden Gegenstandes oder Terrains spielte eine Rolle: Für ein grösseres Terrain musste ein kleinerer Massstab gewählt werden, bei kleineren Ausschnitten war ein entsprechend grösserer Massstab möglich. Ging es um die Darstellung von Menschen und ihren Tätigkeiten, musste erkennbar sein, was sie tun. Und nicht ganz unerheblich bei der Festlegung des Massstabs war jeweils auch, ob das Modell in den vorgesehenen Raum passte und transportfähig war.

Die meisten meiner Modelle sind im Massstab 1:25 gefertigt. Der grösste Massstab war 1:10, der kleinste 1:3125. Da ich den geeigneten Massstab jeweils selber festlegte, waren die im Handel erhältlichen Modellteile aufgrund ihrer Grösse und Herstellungsart für meine Zwecke weitgehend ungeeignet – so habe ich alles selber angefertigt.

Sobald die Fragen zu Ausschnitt, Massstab und Darstellung geklärt waren, machte ich mich auf der Grundlage von Plänen an die Erarbeitung einer Ansicht in der Vogelperspektive. Diese kreative Phase genoss ich jedes Mal von Neuem: Ich liess meiner Fantasie freien Lauf – im Wissen, dass kaum alles so realisiert werden konnte, wie ich es mir vorstellte. Denn als Nächstes kamen Wissenschaftler und Fachleute, die ihre Korrekturen vornahmen. Oft trauten sie sich zunächst nicht recht, ihre Einwände direkt in die Pläne einzutragen, lieber übergaben sie mir Listen mit Änderungen. Wahrscheinlich lag es am für sie ungewohnten Prozess des Zeichnens.

Gemeinsam mit dem Festlegen des Massstabs brauchte es auch jeweils die Fixierung eines präzisen Modellausschnittes. Beides zusammen ergab die Grösse des künftigen Modells. Mein kleinstes Modell, → *Gallorömischer Tempel* misst 40 × 40 × 45 cm, das grösste, → *Schloss Prangins* erreicht eine Grundfläche von 300 × 200 cm bei einer Höhe von 75 cm.

10
Munimentum prope Basiliam

12
Modell der Rheinbrücke mit Pfahlramme

14
Bronzezeitliche Siedlung Padnal/Savognin

16
Festungsbau Breisach am Rhein (D)

Modell 1: Arbeiten am Fundament
Modell 2: Bau des Hauptwalls
Modell 3: Neutor

18
Gold der Helvetier

Modell 1: Goldgewinnung
Modell 2: Goldverarbeitung
Modell 4: Weihe an die Götter

19
Schloss Staufenberg

20
Bauplatz Schloss Prangins um 1738

Munimentum prope Basiliam

Ohne Erfahrung war es schwierig abzuschätzen, was beim ersten Modell an Arbeit auf mich zukommt. Die gemeinsame Schätzung belief sich für den Gallorömischen Tempel auf einen, beim Munimentum auf zwei und beim Murus Gallicus auf drei Monate Arbeitszeit. Insgesamt sechs Monate, die mit CHF 18 000 entlohnt werden sollten. Die Unterbauten und ein zusätzliches Kässeli mit CHF 500 für spezielles Material und Werkzeug wurden mir ferner zugestanden – für mich als freischaffenden Künstler mit unregelmässigen Einnahmen sehr zufriedenstellende und schon fast beamtenähnliche Verhältnisse! Zum Glück aber wusste ich zu diesem Zeitpunkt noch nicht, wie viel Arbeit da effektiv auf mich zukommen sollte – eine weitere Ernüchterung kam mit der Erkenntnis, dass die Kosten für die aufwendigen Ausstellungsvitrinen meine Modellbaukosten um ein Vielfaches überschreiten.

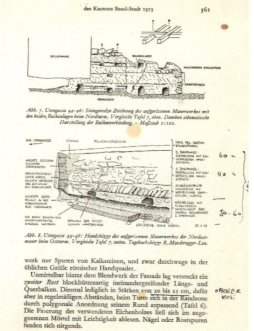

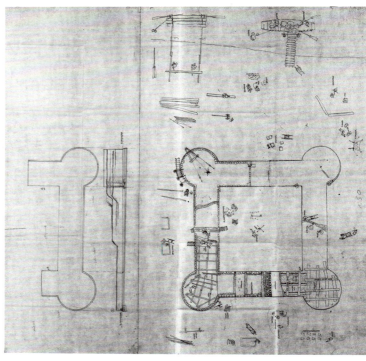

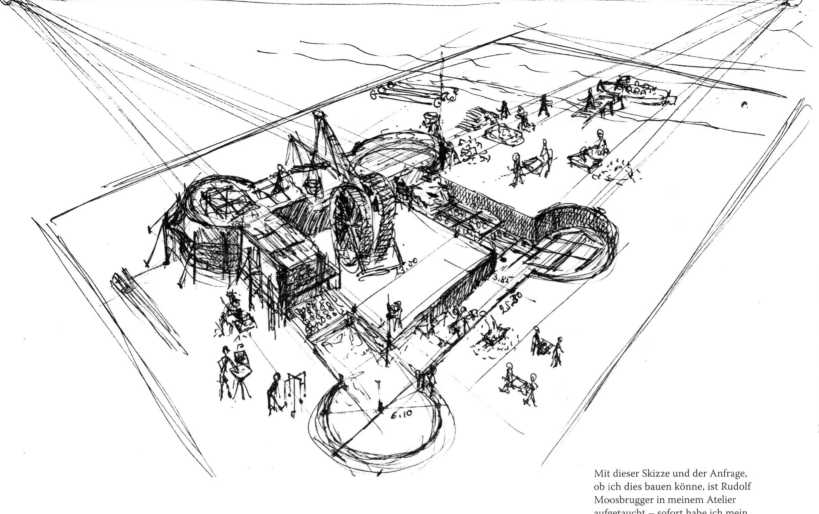

Mit dieser Skizze und der Anfrage, ob ich dies bauen könne, ist Rudolf Moosbrugger in meinem Atelier aufgetaucht – sofort habe ich mein grundsätzliches Einverständnis gegeben! Die Vorstellung, mit solch einer Arbeit auch Geld zu verdienen, schien verlockend, war ich doch zeitgleich an der Erweiterung des Puppenhauses meiner beiden Töchter Petra und Lea. Rudolf Moosbrugger war ein guter Begleiter und Lehrmeister für den Anfang meiner Modellbautätigkeit: Seine anschaulichen Vogelperspektiven dienten mir seit da als Vorbild.

Zu Beginn der Aufträge für das Historische Museum Basel wurde ich von Rudolf Moosbrugger jeweils mit Dokumentationsmaterial – und seinen klaren Vorstellungen zu den Modellen – eingedeckt. Für das Munimentum hat er detaillierte Grundrisse im Massstab 1:50 gezeichnet. Dies schien mir zu klein, um all die handwerklichen Arbeiten sichtbar darzustellen, und wir haben uns auf 1:25 geeinigt. Diesen passenden Massstab habe ich bei sechs weiteren Modellen angewendet.

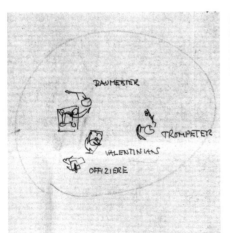
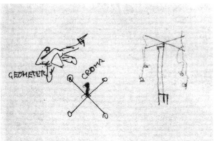

Modell der Rheinbrücke mit Pfahlramme

Aus diesem einfachen Rammen-Modell aus Tannenholz sollte ich ein bewegliches Modell erstellen. Zwar liessen sich daran mechanische Abläufe ablesen, allerdings stimmten die Proportionen nicht.

Der im Museum ausgestellte Rammklotz ist wunderschön verziert. Leider liessen sich diese Details wegen des kleinen Modellmassstabs nicht umsetzen.

Rammklotz, Tannenholzmodell und die Zeichnung nach Emanuel Büchel (Abb. Seite 13) waren die Grundlagen für das Modell meiner Ramme. Nach längerem Hin und Her und Ausprobieren erstellte ich diesen Vorschlag für das neue Modell.

Rammklotz, sogenannte „Katze" mit Inschrift: „Johann Friedrich Weitnauer goss mich in Bassel. Anno 1757."

Aus Bronze, ca. 2½ Zentner schwer. Wurde unter anderm zum Einrammen der Holzpfosten an der alten Rheinbrücke zu Basel verwendet.

Geschenk des Baudepartements 1921.

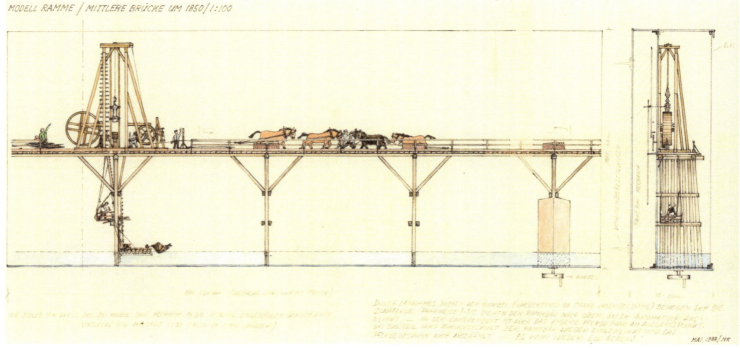

→ *Siehe Mappe mit Plänen «Rheinbrücke mit Pfahlramme»*

Aus Angst, dass durch findige Kinder der manuelle Antrieb ständig kaputt sein könnte, wurde er auf elektrisch umgestellt.

Bronzezeitliche Siedlung Padnal/Savognin

Noch während der Arbeiten an den ersten Basler Modellen hat Silvio Nauli, wissenschaftlicher Assistent am Rätischen Museum Chur, Kontakt mit mir aufgenommen. Jürg Rageth, mein Modellbaubegleiter, hat kurz zuvor die Siedlung Padnal ausgegraben und dokumentiert. Die gemeinsame Begehung des Areals, der ausführliche Ausgrabungsplan und Schnitt durch die Siedlung konnten ein lebendiges Bild der einstigen Situation vermitteln.

Nach der Festlegung von Ausschnitt, Grösse und Massstab für das Modell konnte ich mich auf die Vogelperspektive des Entwurfsplans im Modellmassstab 1:25 konzentrieren.

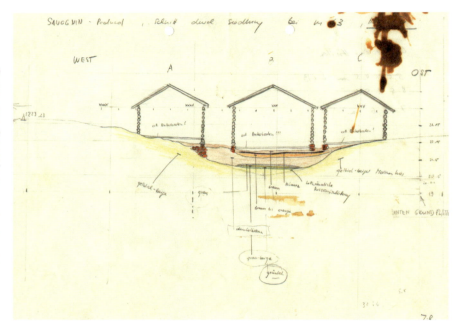

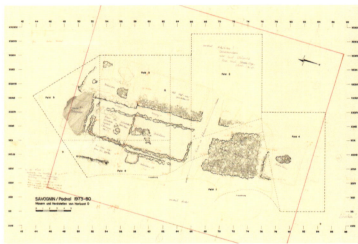

Auf diesen Plänen konkretisierte ich Vorschläge und stellte Fragen. Wo möglich bekam ich aufgelistete Antworten, und für den Rest wurden Lösungen für die Umsetzung gesucht. Dieses Vorgehen ersparte Leerläufe – so war ich beim effektiven Bau des Modells auf der sicheren Seite.
Hier machte ich einerseits den Vorschlag für eine Schlachtszene (Hirsch) und andererseits eine Grubenbrandsituation. Beide Vorschläge wurden verworfen.

→ *Siehe Mappe mit Plänen «Bronzezeitliche Siedlung Padnal»*

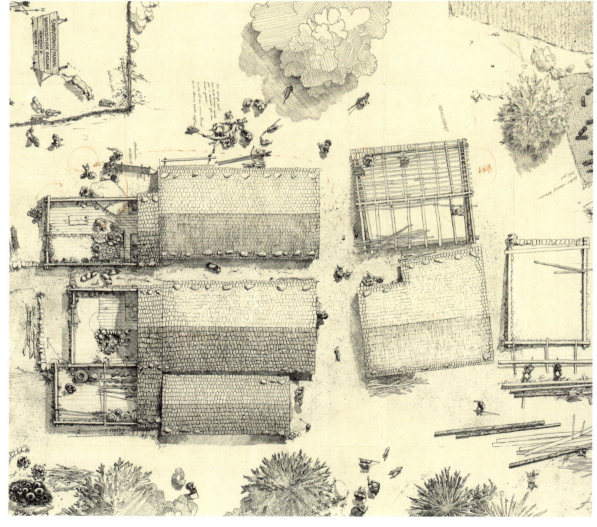

Die Schlachtszene wurde ersetzt durch einen aufgestellten Holzrahmen mit aufgespannter Tierhaut. Anstelle des Grubenbrandes sieht man Töpferinnen bei der Arbeit.

Festungsbau Breisach am Rhein (D)

Christa Hees vom Museum für Stadtgeschichte in Breisach am Rhein (D) ist wohl wegen der Basler Modelle auf meinen Namen gestossen. Sie formulierte die Vorstellung eines Riesenmodells von ganz Breisach, ähnlich jenem historischen Modell von Breisach, das im «Museo di Architettura Militare» in Bologna ausgestellt ist. Weil sie ein kriegerisches Modell mit Kanonen und Soldaten dezidiert ablehnte, einigten wir uns darauf, die bautechnischen Abläufe zu zeigen.

Über das Modell in Bologna, sowie durch meine eigenen, aufwendigen Recherchen in Breisach und Neuf-Brisach, näherte ich mich der Thematik an – und nach dem Besuch im «Musée des Plans Reliefs» in Paris wusste ich, wie ich die gewünschten Inhalte keinesfalls umsetzen wollte!

Mein Modellbegleiter, Carl Helmut Steckner, hat mich umfassend dokumentiert und in den Vauban-Festungsbau eingeführt. Die Planzeichnung zum Festungsbau war für meine Arbeit sehr inspirierend.

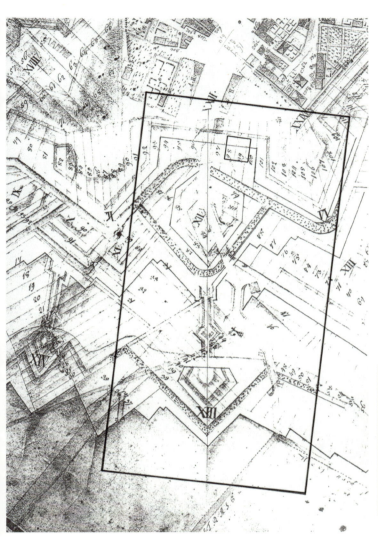

Meine Konzeptidee sah vor, im ersten Modell Arbeiten am Fundament zu zeigen, die beim Rhein oder Kanal ausgeführt werden. Das zweite Modell sollte den effektiven Bau eines Hauptwallabschnitts, an einer Bastion im Osten der Stadt zeigen. Nach meinem Vorschlag wurde festgestellt, dass solche Bastionen – im Sinn meiner Konzeptidee – gar nicht existierten. Es wurde weitergesucht, und im Laufe der Jahre kamen immer neue Pläne und Dokumentationen zum Festungsbau Breisach zum Vorschein. Mit Uwe Fahrer vom Museum für Stadtgeschichte Breisach am Rhein (D) – der sich immer stärker zu einem Spezialisten für den Festungsbau entwickelte – wurde beschlossen, einen grösseren Ausschnitt der Gesamtanlage als Modell zu realisieren, wo das Detail des Hauptwallbaus gut eingetragen werden konnte. Der Massstab 1:350 war für mich sehr klein und daher eine Herausforderung. Die Modellgrösse von 150 × 80 × 33 cm liess sich für den Ausstellungsraum realisieren – sie entspricht einem Terrain von 524,5 × 279,7 × 42 m.

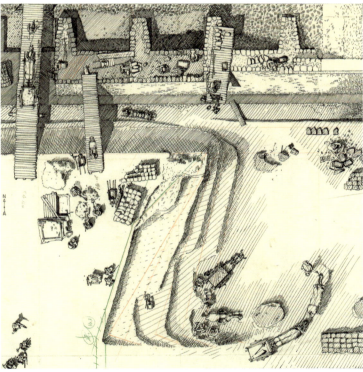

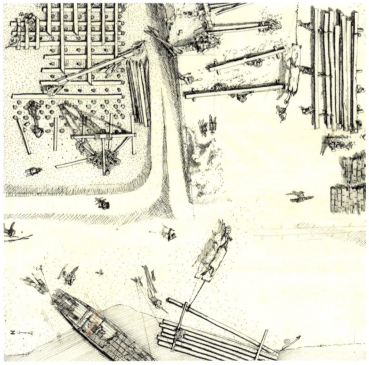

Als erste Idee zur Umsetzung der beiden Breisacher Modelle habe ich Aufsichtspläne mit den jeweilgen Seitenansichten im Massstab 1:25 und eine kleine Modellskizze in Originalgrösse eingereicht. Die Modellgrössen von 110 × 110 cm entsprechen einem Terrainausschnitt von 27,5 × 27,5 m.

→ *Siehe Mappe mit Plänen «Festungsbau Breisach am Rhein Modell 2: Bau des Hauptwalls»*

Gold der Helvetier

Anlässlich der 700-Jahr-Feier der Eidgenossenschaft durfte ich im Auftrag des Schweizerischen Landesmuseums Zürich vier Modelle für die Wanderausstellung «Gold der Helvetier» beisteuern.
Mit Dr. Felix Müller vom Historischen Museum Bern und dem Goldschmied Christoph Jäggy, der sich in alten Techniken auskennt, ging ich die Modelle an. Um vor allem bei der Darstellung der Goldschmiedetechniken ins Detail gehen zu können, schlug ich den Massstab 1:10 vor – dieser hat sich auch beim Modell → *Römische Mannschaftsbaracke* bewährt.

Erste Vorschläge machte ich in zeichnerischer Form. Es sollten kleine Ausschnitte der Tätigkeiten, intensive Weltausschnitte sein: Priester mit Gläubigen, ein Goldschmied beim Löten und Frauen und Männer beim Goldwaschen.
Die Umsetzung fand auf kleinem Grundriss von jeweils 44,5 × 44,5 cm statt. Beim Modell zur Goldverarbeitung war dies nicht möglich; hier werden auf einer Länge von 124,5 cm die verschiedenen Arbeitsschritte gezeigt. Die Breite konnte wie bei den quadratischen Formaten eingehalten werden.

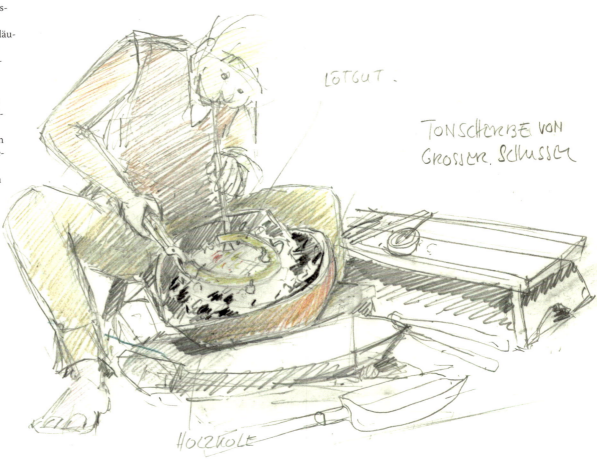

Schloss Staufenberg (D)

Über die Modelle in Breisach am Rhein ist Dr. Petra Rhode, Beauftragte vom Wein- und Heimatmuseum Durbach, mit der Anfrage für ein kleinmassstäbliches Landschaftsmodell auf mich zugekommen. Zwar wurde dieses nie ernsthaft angegangen, dafür jedoch die Umsetzung des Modells von Schloss Staufenberg.

Die wunderschönen Dokumentationen, der «Geometrische Prospect von dem fürstlichen Bergschloss Staufenberg», ein Plan von 1773 mit einem Längs- und Querschnitt mitten durch Schloss und Hügel, sowie ein Grundrissplan wurden mir zur Verfügung gestellt und waren äusserst hilfreich. Hier zwei historische Ansichten des Schlosses Staufenberg, eine Lithografie aus dem Jahre 1859 und eine Zeichnung aus dem Jahre 1861, die das Schloss idealisiert und überhöht darstellen.

Aufgrund der Dokumentationen und meiner eigenen Ortsbegehungen reichte ich als Diskussionsgrundlage Seitenansichtszeichnungen für das Modell für Schloss Staufenberg ein.

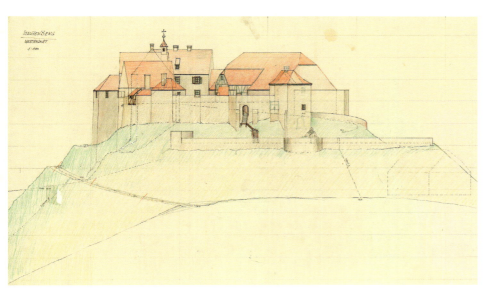

Bauplatz Schloss Prangins um 1738

Aktuelle Renovationspläne und historische Pläne aus verschiedenen Bauphasen, die Einführung von Dr. Thomas Loertscher und meine eigene Fotorecherche in und um Schloss Prangins bildeten die Grundlagen für mein grösstes Modellvorhaben. Die festgelegte Modellgrösse von 3 × 2 m entspricht im Massstab 1:50 einem Geländeausschnitt von 150 m Länge auf 100 m Breite. Damit ich das Modell bauen konnte und in Hinblick auf seinen Transport und die Installation in Prangins, musste es in mindestens zwei Teile zerlegbar sein.

Um den Überblick zu wahren, umgab ich mich in meinem Atelier mit den Fotos des Äusseren und Inneren von Schloss Prangins. Die alten Giebelvasen fand ich bei meiner Begehung im Schlosskeller vor.

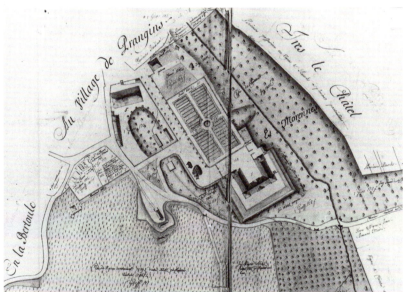
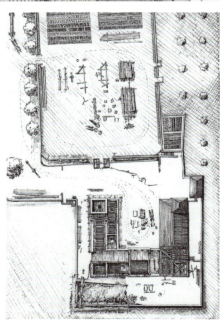
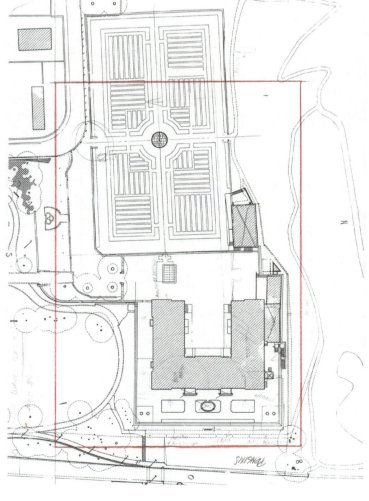

Einen Aufsichtsplan zeichnete ich im Massstab 1:200 und vier Ansichten mit der Konstruktion des Unterbaus im Massstab 1:100 – sie gaben einen ersten Eindruck, wie das Terrain und die Gebäude sich in den Modellraum hineinbewegen.

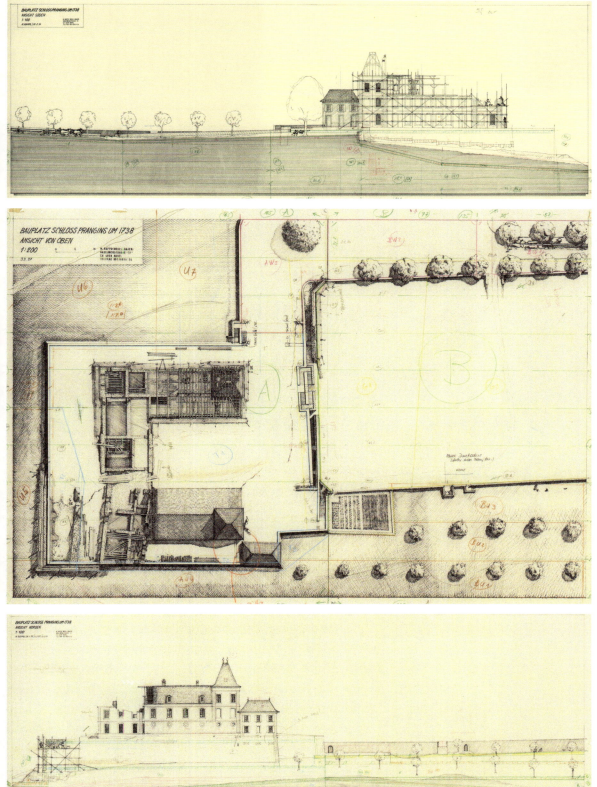

→ *Siehe Mappe mit Plänen «Bauplatz Schloss Prangins um 1738»*

Modellskizze

Die Modellskizze – in der Architektur und im Modellbau Mock-up genannt – ist ein Konzentrat des geplanten Modells, im Originalmassstab ausgeführt.

Anhand dieser Skizzen überprüfte ich sämtliche Ideen in technischer wie auch darstellerischer Hinsicht auf ihre Realisierbarkeit. Wenn auch nur als Ausschnitt ausgeführt, so ist die Modellskizze doch verbindlich. Bei grösseren Bedenken oder Änderungswünschen von Seite des Auftraggebers, ist die Präsentation des Mock-ups der letzte Zeitpunkt, diese zu äussern.

Auch Gedanken zum Unterbau sind zum Zeitpunkt der Modellskizze bereits nötig – und können in die dreidimensionale Umsetzung einfliessen.

24
Gallorömischer Tempel

25
Bronzezeitliche Siedlung
Padnal/Savognin

26
Römische Manschaftsbaracke

27
Festungsbau Breisach
am Rhein (D)

Modell 1: Arbeiten am
          Fundament
Modell 2: Bau des Hauptwalls
Modell 3: Neutor

28
Bauplatz Schloss Prangins
um 1738

Gallorömischer Tempel

Längst nicht mehr alle Modellskizzen sind erhalten geblieben – einige sind kaputt gegangen, andere sonstwie verschwunden. Das Mock-up vom Gallorömischen Tempel, meinem ersten Modell, ist nur noch als Polaroid erhalten geblieben. Die Eindeckung zeigt zwei Ziegelvarianten: Der wissenschaftliche Begleiter hatte zunächst eine falsche Angabe zu deren Form gemacht – seit da habe ich mir alles schriftlich bestätigen lassen.

Bronzezeitliche Siedlung Padnal/Savognin

Für dieses Modell gab es keine eigentliche Modellskizze, sondern es war bereits ein Minimodell für den Auftraggeber. Ich habe es zusammen mit dem Entwurfsplan präsentiert. Jetzt, Jahre nach seinem Entstehen, ist es wieder in meinem Atelier gelandet: Die Künstlerkollegin Brigitte Ritter hortete das Modell bei sich – und als sie von meinem Buchprojekt erfuhr, hat sie es mir zurückgegeben!

Ein weiteres Minimodell, das nicht mehr existiert, ist seinerzeit auch für das Modell «Basel vor 3000 Jahren» entstanden. Vom Modellbauerischen her gesehen, ein veritabler Unsinn: Die Auftraggeber fanden es zwar nett – aber mir hat seine Fertigung nichts gebracht, weil es eben kein Mock-up zur Überprüfung der Details ist.

Römische Mannschaftsbaracke

Der Massstab 1:10 war Neuland für mich. So grosse Gebäude und Figuren hatte ich bis anhin nie erstellt, umso mehr drängte sich ein detailliertes Mock-up auf.

Grössten Respekt hatte ich vor den Figuren: Wie weit sollen diese in ihrer Ausformung gehen, damit sie nicht allzu kitschig werden? → *Figuren*

Für das Gebäude dagegen gab es genaue Angaben zur Technik und zu den Ausmassen. Hier habe ich vorgeschlagen, die Konstruktion ablesbar zu gestalten: Die Türscharniere sowie die Ausfachung mit Rutengeflecht und Lehm sind auch im fertigen Modell sichtbar.

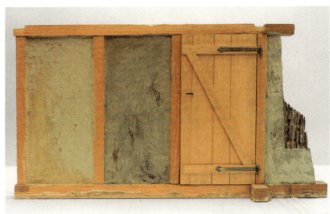

Festungsbau Breisach am Rhein (D)

In diesem Mock-up zeige ich einen Ausschnitt aus dem Hauptwall vom → *Breisacher Festungsbaumodell 2*: Ein Arbeiter mit Schubkarren und Traggestell vor der Bastionsmauer. Diese wurde bei der Modellskizze aus zugschnittenen Ziegelsteinen, zugehauenen Bossensteinen und einem Abschluss aus Sandstein gefertigt. Anhand dieser kleinen Arbeit liess sich der enorme handwerkliche Aufwand erahnen. Es war klar, dass ich für meine Umsetzung eine rationellere Herstellungstechnik finden musste.

Bauplatz Schloss Prangins um 1738

Für das Modell von → *Schloss Prangins* mit seinem grossen Volumen und der inhaltlichen Komplexität habe ich eine recht breit angelegte Modellskizze erstellt. Bereits zu diesem Zeitpunkt habe ich mich mit dem späteren Unterbau und seiner Konstruktion beschäftigt und noch während des effektiven Modellbaus am Testmodell verschiedene Versuche getätigt. Dass das Mock-up vom zuständigen wissenschaftlichen Mitarbeiter des Landesmuseums, Dr. Thomas Loertscher, abgenommen wurde, war mir gerade bei diesem grossen Auftrag wichtig.

 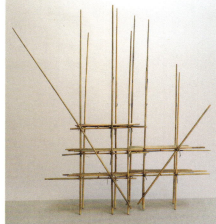 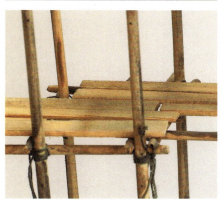

Wie das Hauptmodel ist bereits die Modellskizze weitgehend demontierbar. So konnte ich beispielsweise das Baugerüst (mit kleinsten Knoten für die Verbindungen) gesondert vom Gebäudeteil fertigen.

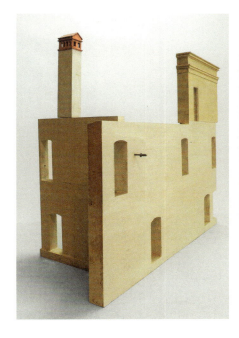 

Die Hauskonstruktion, ihre Fassade mit den diversen Lisenen und die Gestaltung der Fenster konnten am Mock-up im Voraus abgeklärt und bereinigt werden. Um die Gebäudeteile provisorisch zu verbinden, dienten mir Popnieten.

Beim noch uneingedeckten Dachstock ist der Dachdecker am Werk. Hier wurde mir klar, dass die Dachlatten, wegen ihrer Feinheit, nicht aus Holz hergestellt werden können. Die Lösung waren vierkantige Messingstäbchen.

Unterbau und Terrain

Nach der Festlegung von Massstab und Grösse, nach der Abnahme von Plänen und Modellskizze durch die Auftraggeber war der Weg prinzipiell frei für den Modellbau. Trotzdem musste noch eine weitere Voraussetzung erfüllt sein: Erst wenn ich das Modell mit all seinen Details in meinem Kopf hatte, konnte ich mich an die Arbeit machen. Diese Vorstellung eines fixfertigen Modells war natürlich eine Täuschung. Während der Ausführung tauchten immer Fragen auf, es brauchte Sitzungen mit den Auftraggebern, und oft wurde es notwendig, Fachleute aus anderen Gebieten – wie etwa Mitarbeiter einer Münsterbauhütte oder Bauhandwerker – zu involvieren.

Durch Erfahrung gereift, schaltete ich beim Bau der Modelle nach einiger Zeit einen weiteren Schritt ein: Alle Bestandteile führte ich so aus, dass sie sich provisorisch an ihrem vorgesehenen Platz auf dem Unterbau befestigen liessen. So präsentierte ich das Modell jeweils dem Auftraggeber, und erst nach der Abnahme durch die zuständige Fachperson erfolgte die Endmontage.

**32
Unterbau**

→ *Schloss Prangins*

**34
Terrain**

→ *Schloss Prangins*
→ *Schloss Staufenberg*

Unterbau

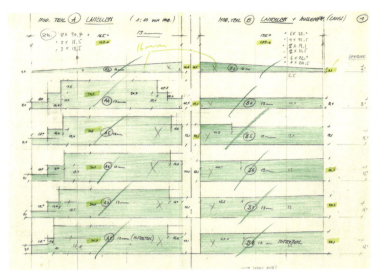
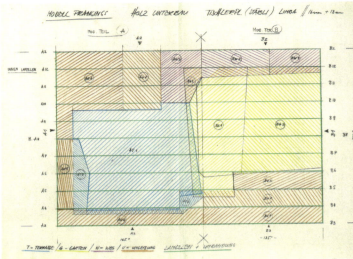
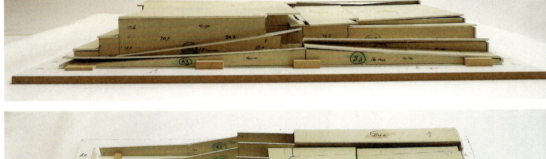
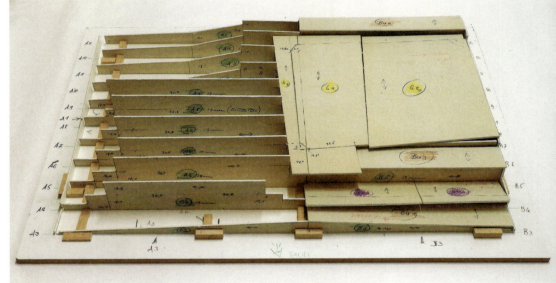

Der Unterbau des Modells von
→ *Schloss Prangins* war seiner Grösse
wegen eine Herausforderung.
Von Anfang an war mir klar, dass er
in zwei Teile zerlegbar sein musste,
ohne dies wäre das Modell nicht transportierbar gewesen – es hätte nicht
einmal durch meine Ateliertüre gepasst! Die Verbindung der zwei Teile
musste so stabil und starr sein, dass
sich das riesige Modell als Ganzes
anheben und im Museum platzieren
liess.

Vor dem Zuschneiden des Unterbaus
habe ich einen Schnittplan für die
benötigten Tischlerplatten gezeichnet –
Arbeiten, die heute schon längst am
Computer ausgeführt werden.

Den Schnittplan mit sämtlichen Massen für die Einzelteile habe ich zur
Kontrolle auf Karton aufgezogen, ausgeschnitten und zusammengefügt.

> Der Unterbau des Modells ist enorm wichtig – stimmt er nicht, sind alle weiteren Arbeiten auf «unsicherem Terrain».

Aus Tischlerplatten wurden die 49 Holzpuzzleteile in diversen Grössen und Stärken ausgesägt. Danach konnte ich den Unterbau leimen und zusammenschrauben. Meine Tochter Luzia hat den Stabilitätstest erfolgreich durchgeführt.

Zuvor musste ich jedoch mein Atelier den neuen Anforderungen anpassen. Ebenso habe ich auf acht Tabourettli (Hocker) eine Unterkonstruktion erstellt, sodass sich die beiden Teile des Unterbaus leicht zusammenfügen liessen – aber zum Bearbeiten, für Arbeiten in der Mitte des Modells, getrennt werden konnten.

Die Verbindungen der beiden Modellteile musste so konstruiert sein, dass die Fuge möglichst unsichtbar blieb. Deshalb läuft sie am Fuss der Terrassenmauer von Prangins zum Garten hin. Die beiden Teile sind nahezu gleich gross.

Terrain

Für das Terrain wird die Unterbaukonstruktion mit formbarem Material belegt. Zu Beginn meiner Modellbauerkarriere verwendete ich Ytongplatten (Gasbetonsteine oder Porenbeton), später dann Styrofoamplatten (Polystyrol-Extruderschaum, Isolationsmaterial) – alles Material aus dem Baubedarf. Die Ytongplatten wurden in der erforderten Dicke mit Holzleim, der Styrofoam mit Heissleim auf die Grundplatten montiert und danach mit Werkzeug bearbeitet.

Der Ytong lässt sich am besten mit dem Stechbeitel und groben Holzraspeln zum späteren Terrain gestalten, der Styrofoam mit einem scharfen Ledermesser, mit Teilen von Sägebändern und Holzraspeln.

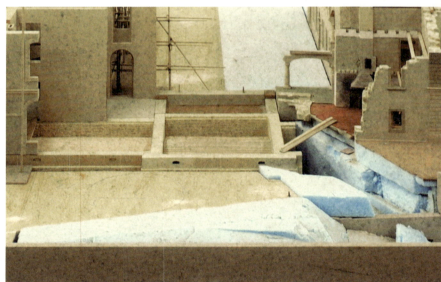

Das fertig gestaltete Gelände ist mit verschiedenen Materialien überzogen. Mischungen aus Sand, Erde, Pigment und Leim habe ich jeweils in unterschiedlicher Konsistenz aufgetragen. Für die Darstellung von Gras verleimte ich in das rohe Terrain Filz oder Kunstrasen und arbeitete jeweils eine Erdmischung ein.

Erst nach dem Austrocknen kratzte ich die «grasigen» Stellen hervor. Die erwünschten Struktur- und Farbeffekte konnte ich zudem durch wiederholtes Anstreichen oder Lasieren verstärken.

… beim Filz liessen sich mit kleinen Stahlbürsten die Fasern, sprich: die einzelnen Gräser, hervorholen.

Szenarien

Bei Architektur- und Stadtmodellen, wo es um die Darstellung der Gesamtform geht, werden häufig nur ein einziger bis maximal zwei verschiedene Baustoffe eingesetzt. Bei meinen historischen Modellen geht es im Gegensatz dazu immer um eine detaillierte wissenschaftliche Visualisierung, gerade auch von Szenarien. Daher verwendete ich Materialien, die sich für die darzustellenden Objekte am besten eigneten. Im Verlauf meiner fast 20-jährigen Modellbautätigkeit kamen dauerhafte, farbechte Materialien und solche, die gut zu verarbeiten waren, zum Einsatz.

Dies umfasst konkret:
- Erde, Sand, Steine
- Getrocknete Pflanzenteile
- Haare, Bartstoppeln, Knochen, Raubvogelgewölle
- Massivholz: Linde, Hasel, Ahorn, Buchs
- Verbundplatten: Tischlerplatten, Multiplex, Flugzeugsperrholz
- Gips, Zement, Ton
- Kasein- oder Acrylbinder, diverse Leime
- Kunststoffe, Polyester, Plexiglas, Araldit
- Messing, Kupfer, Stahl, Bronze, Silber, Gold

38
Gallorömischer Tempel

40
Munimentum prope Basiliam
Murus Gallicus

42
Modell der Rheinbrücke
mit Pfahlramme

44
Bronzezeitliche Siedlung
Padnal/Savognin

46
Römische Mannschaftsbaracke

37 // Modellbau / Szenarien

48
Festungsbau Breisach
am Rhein (D)

Modell 1: Arbeiten am
           Fundament
Modell 2: Bau des Hauptwalls
Modell 3: Neutor

54
Gold der Helvetier

Modell 1: Goldgewinnung
Modell 2: Goldverarbeitung
Modell 3: Münzprägung
Modell 4: Weihe an die Götter

62
Schloss Staufenberg (D)

64
Bauplatz Schloss Prangins
um 1738

Gallorömischer Tempel

1 : 25

Eine Herausforderung bei meinem ersten Modell war die glaubwürdige Umsetzung der Fassade. Die Wirkung eines glatten Putzes versuchte ich mit verschiedenen Anstrichen zu erreichen. Säulen und Dach sind Polyestergüsse. Doch um überhaupt die Gussformen herstellen zu können, musste ich Prototypen anfertigen. Die Säule habe ich aus Lindenholz gedrechselt.

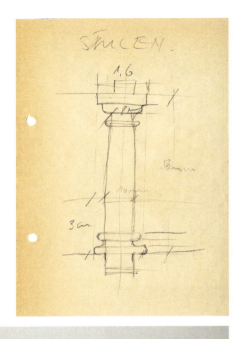

Mein erstes Modell überhaupt – den Gallorömischen Vierecktempel – habe ich aus Spanplatten gefertigt.

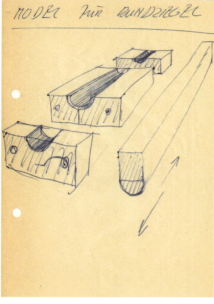
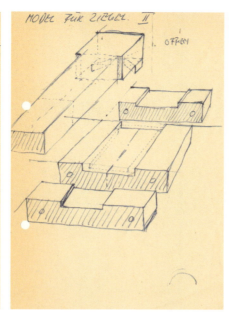

Für eine rationelle Ziegelherstellung habe ich demontierbare Module entworfen und aus Holz hergestellt. Die aus einem Zweikomponentenkunststoff gefertigten Ziegel wurden zu einer Ziegelplatte gefügt und diese wiederum mit Silikon abgeformt. So konnte ich beliebig viele Güsse aus Polyester herstellen.

Für das Eindecken des Tempeldaches liessen sich die verschiedenen Platten fugenlos aneinandermontieren.

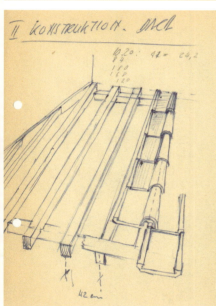

Die Farbgebung war eine veritable Tüftelarbeit. PI-RO Autenheimer, ein Künstlerkollege, hat mich auf die richtige Lösung gebracht: Die Kunststoffgüsse liessen sich nur mit einer Mischung aus Kaseinbinder und Pigmenten bemalen.

Munimentum prope Basiliam und Murus Gallicus
1 : 25

Bei beiden Basler Modellen wird gleichermassen Kalk- und Sandstein eingesetzt. Viel Erde musste beim Bau bewegt werden – und der Auftraggeber verlieh seinen genauen Vorstellungen für die Umsetzung mittels Skizzen und Fotos Nachdruck.

Die Unterbauten der Modelle habe ich aus Tischlerplatten gefertigt, beide sind mit 5 cm dickem Ytong belegt, der sich gut in Form schnitzen und schaben lässt. Beim Murus Gallicus habe ich wegen des Terrains eine hohle Unterkonstruktion erstellt und darauf den Ytong geleimt. Der Überzug des Terrains ist mit einer Mischung aus Sand, verschiedenen Erden, Farbpigmenten und Acryl-Binder gestaltet.

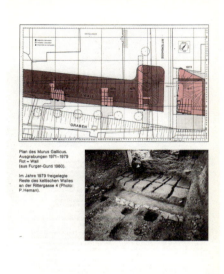

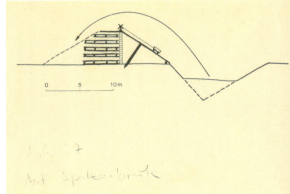

Die ursprünglich verbauten Handquader habe ich ebenfalls aus Kalkstein gestaltet: Dünne Solnhofer Bodenplatten wurden mit einer Beisszange zurechtgezwackt.

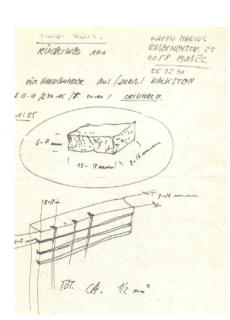

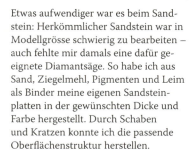

Etwas aufwendiger war es beim Sandstein: Herkömmlicher Sandstein war in Modellgrösse schwierig zu bearbeiten – auch fehlte mir damals eine dafür geeignete Diamantsäge. So habe ich aus Sand, Ziegelmehl, Pigmenten und Leim als Binder meine eigenen Sandsteinplatten in der gewünschten Dicke und Farbe hergestellt. Durch Schaben und Kratzen konnte ich die passende Oberflächenstruktur herstellen.

Das Mauerwerk des Munimentums wurde mit Kalkmörtel gefügt – im Modell verwendete ich eine Mischung aus Leim, Kreidepulver und Pigmentfarben. Der Keltenwall wurde als Trockenmauer ausgeführt. Das im Modell verwendete Haselholz ist braun gebeizt, oder hat seine natürliche Färbung vom Bast der Rinde. Die typischen Schälspuren sind mit Gipser-Raspeln gemacht.

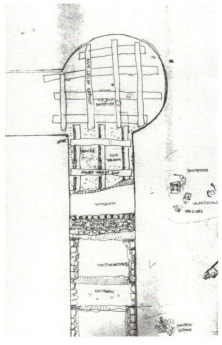

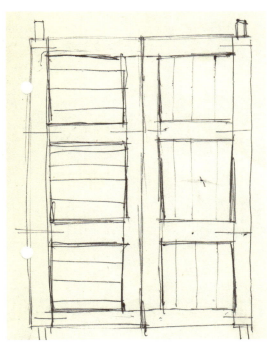

Skizze für das grosse Tor beim Murus Gallicus. Das Polaroid zeigt das realisierte Tor im Modell.

Modell der Rheinbrücke mit Pfahlramme

1 : 33

Nach dem Sichten von verschiedenen Rammen-Typen diente mir das kleine Modell aus dem Historischen Museum Basel im Massstab 1:25 als Ausgangslage für meine Arbeit → *Idee, Konzept Planung*. Wahrscheinlich wurde das grosse Tretrad dazu gebraucht, beim Brückenbau schwere Pfähle in Position zu bringen. Ich musste mich auf das Zeigen einer Tätigkeit beschränken – der Rammbär wird nach oben gezogen, klinkt aus, fällt hinunter und wird erneut nach oben gezogen – die Skizze zeigt den vereinfachten Ablauf der Ramme.

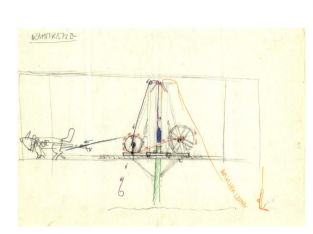
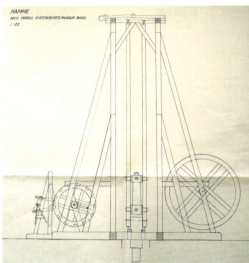

Bei der Ausgestaltung der Brücke stützte ich mich auf verschiedene Bilder. Eine Zeichnung nach Emanuel Büchel, aber besonders die Darstellung «Reconstruction du pont de Bâle sur le Rhin» waren inspirierend. Sogar zur Ausführung der Balkenschuhe gab es präzise Angaben. Das verbaute Holz war Eiche, für das Modell habe ich Linde verarbeitet, die Rundhölzer sind aus Hasel.

Plan eines Brückenjochs der Mittleren Rheinbrücke in Basel.

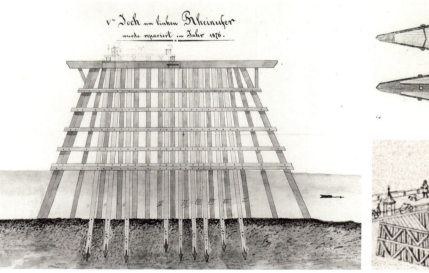

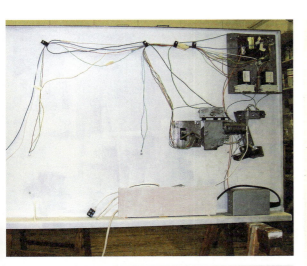

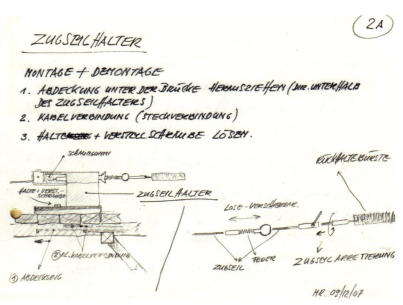

Die technische Umsetzung der Ramme war anspruchsvoll, dank der Arbeit von Sascha Müller wurde das Modell zum Laufen gebracht. In der Brücke ist – nicht sichtbar – ein Rundlauf mit Gummizahnriemen montiert, woran die beiden Pferdepaare befestigt sind. Sie ziehen das Zugseil, das wiederum über eine Übersetzung (kleines Rad) den Rammbären hochzieht. Überschreitet er eine bestimmte Höhe, klinkt er automatisch aus und saust mit voller Wucht auf den Pfahl.

Die Skizze des Zugseilhalters steht stellvertretend für die Präzision und Komplexität aller technischen Vorgänge im Modell: Ein kleines Messingteil führt das Zugseil beim Zurückdrehen und bringt dieses vor dem nächsten Ablauf in die richtige Position. Die kleine Dentalbürste sorgt dafür, dass das Seilende sanft durch den Mitnehmer gleitet und nicht wegspickt. Doch auch hier musste ausprobiert werden: Erst mit dem mittleren Härtegrad des Bürstchens hat es geklappt – das harte war zu hart.

Bronzezeitliche Siedlung Padnal/ Savognin

1 : 25

Der Anspruch, die Tätigkeiten des Alltags der damaligen Zeit möglichst umfassend darzustellen, war hoch. Meine zeichnerischen Vorschläge hat Jürg Rageth immer kommentiert und ergänzt, wie hier die Mahlszene in der Vorratshütte und die Szene beim Dorfschmied und Bronzegiesser.

Als Hommage an die gute Zusammenarbeit steht der Archäologe Jürg Rageth in meinem bronzezeitlichen Modell – mit Zeichnungsbrett, Mappe und Jalon in der Hand.

Ich mag mich erinnern, wie er beim Anblick des Trockenfleisches in der Vorratshütte meines Modells meinte, dass das wohl das erste nachgewiesene Bündnerfleisch sei!

Während ich am Modell arbeitete, war Jürg Rageth in Savognin mit Nachgrabungen beschäftigt. Neue Funde brachten neue Erkenntnisse – um ein aktuelles Modell abzugeben, musste ich die bereits im Schnitt fertig erstellte Sickergrube durch eine Zisterne ersetzen.

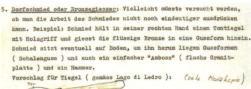

1. FASSUNG   2. FASSUNG

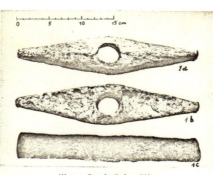

Händler treffen schwer beladen in der Siedlung Padnal ein. Sie tragen Bronzebarren, wie diejenigen auf der Zeichnung eines bronzezeitlichen Fundes.

Zwischen den eng platzierten Häusern wurde Abfall gefunden, darunter auch tierische Knochen. Für das Modell benötigte ich kleine Knöchelchen, die ich im Gewölle der Raubvögel des Zoologischen Gartens Basel gefunden habe. Auch davon gibt es noch ein Schächtelchen in meinem Fundus.

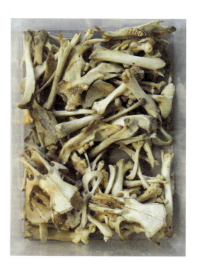

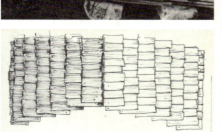

Bei den Ausgrabungen in Savognin wurden Tonstücke gefunden. Zum Abdichten der Zwischenräume der Blockhäuser wurde Lehm verwendet – durch eine Feuersbrunst wurde dieser gebrannt. Das Ausfachen mit Lehm habe ich im Modell dargestellt, ebenso die Herstellung von Schindeln für die Bedachung. Die Schindeln stellte ich aus eng gewachsenem Tannenholz her. Mit Sackmesser und Stechbeitel liessen sich die zugeschnittenen Holzscheite gut spalten. Zusätzlich konnte ich die Faserung mit einer Drahtbürste verstärken, und die richtige Farbgebung habe ich durch verschiedene Beizen und Lasuren erreicht.

Für das Modell benötigte ich kleine Knöchelchen, die ich im Gewölle der Raubvögel des Zoologischen Gartens Basel gefunden habe.

Römische Mannschaftsbaracke
1 : 10

Das Vorgehen bei den Modellarbeiten ist jeweils der Thematik und gewünschten Ausformung angepasst. Hier habe ich eine perspektivische Zeichnung angefertigt und den kleineren Massstab 1:10 statt 1:5 vorgeschlagen. Das Modell bildet nur zwei Contubernien der gesamten Mannschaftsbaracke ab.

Als Grundplatte setzte ich eine Tischlerplatte ein. Da das Terrain flach und zum grossen Teil bebaut war, blieb nicht viel Umschwung zum Gestalten übrig. Mit einem Gemisch aus Sand, Pigment und Binder liess sich dies direkt auf der Grundplatte erledigen.

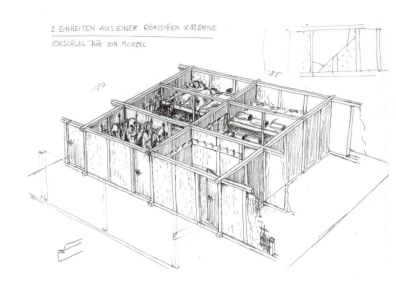

Mindestens acht Garnituren Soldatenausrüstung waren notwendig – vom modellbauerischen her ein Grenzfall, da ich entscheiden musste, ob ich Gussformen oder Einzelanfertigungen herstellen sollte. Ich habe mich für eine Mischform entschieden: Schwerter, Dolche, Helme und Feldflaschen habe ich aus Zinn gegossen, die restlichen Gegenstände nach Möglichkeit als Unikate hergestellt.

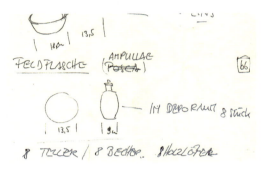
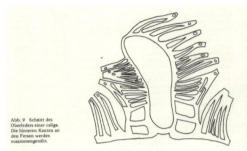
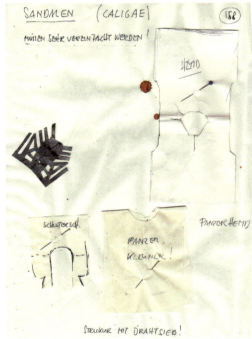
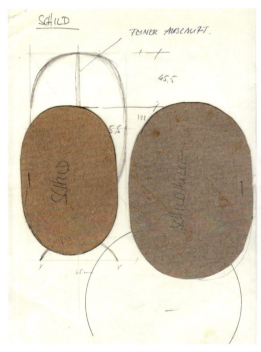

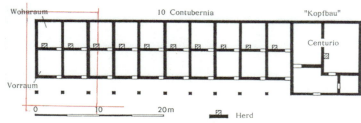

Abb. 127 Grundriß einer typischen Mannschaftsbaracke für eine Centurie. Maßstab 1 : 400.

Die Gebäudeteile mussten bis zum Abschluss des Modells demontierbar sein, da sich sonst gewisse Innenarbeiten nicht bewerkstelligen liessen. So etwa das Versteck im Fussboden des zweiten Contuberniums.

Diese Flexibilität war auch hilfreich für die abschliessende Fotodokumentation. Für das Zusammensetzen der Wandteile habe ich extra einen Montage- resp. einen Demontageplan gezeichnet.

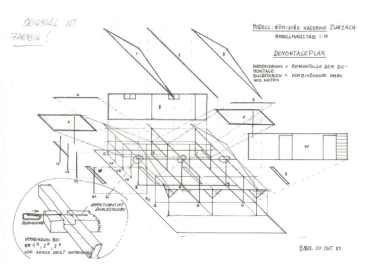

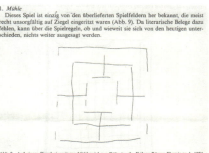

Abb. 9 Auf einem Ziegel eingeritztes Mühlespiel aus Köln (nach: Kölner Römer Illustrierte 1, 1974, S. 163).

Auf der Pritsche liegt ein Brettspiel – ähnlich dem Mühlespiel.

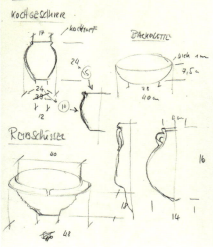

Für die Herstellung des Koch- und Essgeschirrs habe ich an meinem Goldschmiedetisch den Feilkloben durch eine kleine Töpferscheibe ersetzt. Nach einigen Versuchen habe ich gemerkt, dass in dieser Grösse nicht im klassischen Sinn getöpfert werden kann. Schliesslich gelang es mir, aus halbhartem Ton mit Zahnarztwerkzeug und Sticheln die Gefässe wie beim Drechseln durch Abtragen herzustellen. Zum Brennen konnte ich meine Mini-Töpferware in eine Töpferei geben → Töpferwaren.

Festungsbau
Breisach am Rhein
(D)

**Modell 1
Arbeiten am Fundament
1:25**

Die verschiedenen Tätigkeiten auf den Bauplätzen in den Szenarien korrekt zu zeigen, war eines meiner grössten Anliegen im Modellbau. Da ich mich ebenfalls als Handwerker sehe und mir viele der Techniken geläufig sind, wollte ich auch die richtigen Werkzeuge und Gerätschaften zeigen. Aber bisweilen kam so vieles zusammen, dass ich auf Unterstützung von aussen angewiesen war.

Im Modell werden bautechnisch das Pfählen mit der Ramme und der Bau des Holzrostes für das Fundament am Festungswall gezeigt. Der Ausschnitt der Zeichnung aus der «Encyclopédie Diderot et d'Alembert» ist ähnlich wie in Breisach und diente mir als Vorlage. Den Arbeitern auf der Baustelle habe ich zur Verdeutlichung der Vorgänge möglichst viele verschiedene Arbeiten zugeteilt.

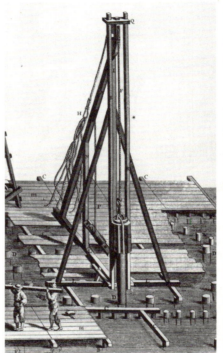

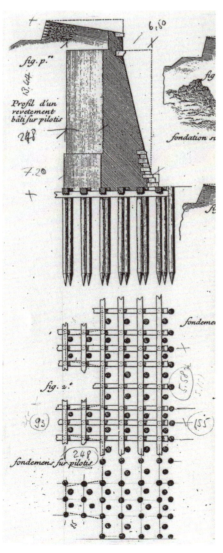

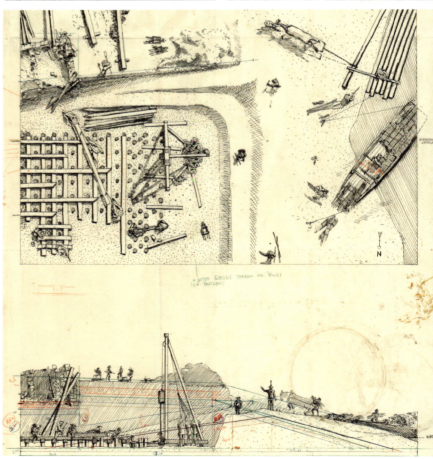

Neben zahlreichen Fotokopien und dem Nachdruck der riesigen «Encyclopédie Diderot et d'Alembert» war mir die kleine Broschüre «Erinnerungen an den ländlichen Alltag», wo 22 Miniaturmodelle von Christian Sigrist abgedruckt sind, sehr hilfreich. Diese vereinfachten, klar ablesbaren Szenarien waren inspirierend für meine Arbeit.

Mit einer Art Gattersäge werden Stämme zersägt. Schmiede stellen vor Ort Eisenschuhe her, welche auf die Pfahlspitzen montiert werden.

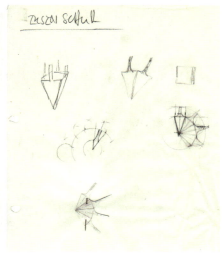

Das Baumaterial wurde per Boot antransportiert. Hier werden Weidenbündel für die Herstellung von Faschinen herangeschafft, die bei der Uferverbauung eingesetzt wurden. Meine Faschinen sind aus dem feinen Holz von Reisigbesen gefertigt. Für die herangeflössten Holzstämme habe ich präparierte Haselruten verwendet.

**Modell 2
Bau des Hauptwalls**
1 : 25

Anders als bei den Basler Modellen konnte ich die Wehrmauer für Breisach nicht aus dem Originalmaterial Ziegel bauen. Damit am Schluss eine durchgehende Ziegelmauer steht, habe ich ein Teilstück in Modellgrösse gebaut, mit Silikon abgeformt und dann in einem Spezialgips gegossen. Die einzelnen Platten liessen sich zu einer durchgehenden Ziegelmauer fügen.

Die kleinen Ziegel für Abschlüsse oder die Mauerkrone habe ich mit der Diamantsäge aus kompaktem Ziegelmaterial gesägt. Ebenfalls goss ich kleine Ziegeldepots – diese Einheiten liessen sich nach Bedarf auch kombinieren und dadurch vergrössern.

Ich meine, im Innern des Walls eine aktuelle Zeitung als Beleg der Entstehungszeit deponiert zu haben. Es machte mir Spass, jeweils etwas Unerwartetes in meinen Modellen zu hinterlassen.

Beim Hauptwall wird ein Kunststoffmörtel mit einer Armierungsgaze appliziert, damit keine Risse entstehen. Dieser Untergrund ist ideal um die gegossenen Backsteinplatten zu montieren.

Ähnlich wie bei den Ziegelsteinen bin ich bei den Sandsteinen im Fundamentbereich und den Abschlusssteinen vorgegangen. Restmaterial vom Zuschneiden dieser Bossensteine habe ich immer in kleinen Schachteln gesammelt – es war unentbehrlich für die Inszenierung, hier der Werkplatz der Steinmetze.

Modell 3
Neutor
1 : 350

Der Massstab 1:350 für das Modell des Neutors ist sehr klein – ein Mensch misst gerade mal 5 mm – eine rechte Herausforderung also für die Umsetzung der Inszenierung.

Als Grundplatte dient hier eine Tischlerplatte, die Fronten der Bastionsmauern sind aus Lindenholz, die rückwärtigen Teile aus Styrofoam, einem geschäumten Kunststoff, der leicht ist und sich gut verarbeiten lässt. Die daraus zusammengeleimten Leistenprofile schnitt ich in Gehrung, gestaltete daraus Wehrmauern und klebte diese auf die Grundplatte. Höhere Elemente wie Bastionen wurden mit Styrofoam auf die erforderliche Dimension ergänzt.

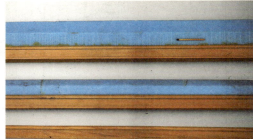

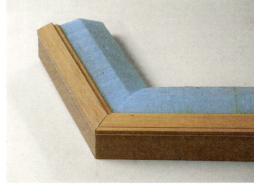

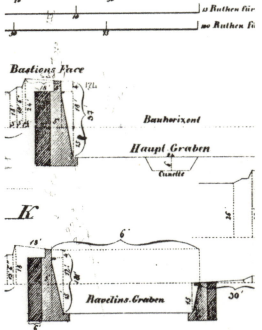

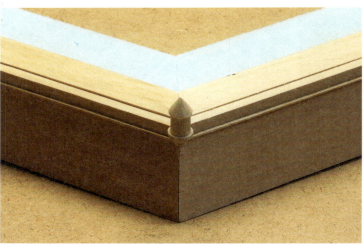

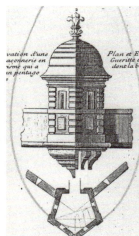

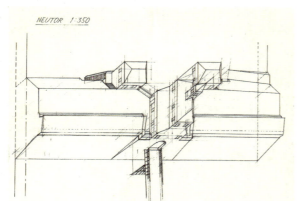

An die Gebäude beim Neutor musste ich mich zunächst mittels einer Zeichnung herantasten. Die Häuser sind aus MDF (Mitteldichte Faserplatte) hergestellt, die Fenster mit Metallpunzen eingeprägt und die Dächer aus Flugzeugsperrholz und mit Strukturschwämmen eingefärbt. Für die Baumkronen verwendete ich verzupfte, eingefärbte Kunstschwämme, die bis heute intakt geblieben sind → *Bepflanzung*.

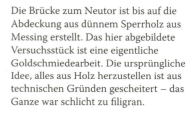

Die Brücke zum Neutor ist bis auf die Abdeckung aus dünnem Sperrholz aus Messing erstellt. Das hier abgebildete Versuchsstück ist eine eigentliche Goldschmiedearbeit. Die ursprüngliche Idee, alles aus Holz herzustellen ist aus technischen Gründen gescheitert – das Ganze war schlicht zu filigran.

Das Modell «Neutor» hat einen hohen malerischen Anteil. Häuser, Mauern und Wasser durch Farbgebung gestaltet, das Wasser sogar mit Klarlack übermalt, um einen transparenten Effekt zu generieren.

Gold der Helvetier
1 : 10

Modell 1
Goldgewinnung

Modell 4
Weihe an die Götter

Modell 2
Goldverarbeitung

Modell 3
Münzprägung

Um meiner Idee eines kleinen Weltenausschnitts möglichst nah zu kommen, mass ich den Anschnitten, den Rändern meiner Modelle eine grosse Bedeutung zu. Diese sollten präzise geschnitten sein, also verwendete ich eine Diamantsäge, so wie sie zum Zuschneiden im Edelstein- und Mineralienbereich üblich ist.

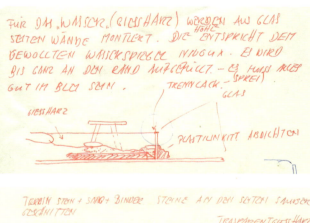
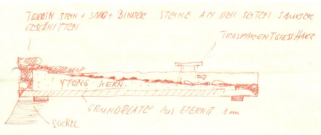

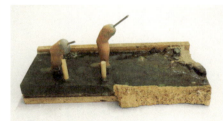

Bei beiden Modellen, der Goldgewinnung und der Weihe an die Götter, ist Wasser im Spiel. Für beide verwendete ich eine etwas grössere Bodenplatte aus Eternit (Faserzement), damit ich sie rundum abschneiden konnte, um den seitlichen Einblick ins Terrain zu gewähren. Der Kern ist mittig aus Ytong, umhüllt mit einem Betonguss aus viel Kies, Sand und ausgewählten Steinen. Nach dem Zuschnitt des Terrains auf die effektive Modellgrösse konnte ich das Wasser gestalten: Seitlich fasste ich das Modell mit Glasplatten und füllte diese Hohlform mit Giessharz.

Es war ein grosses Wagnis – wenn ich die Schnitte und Güsse nicht perfekt hinbekommen hätte, wäre ein Neuanfang nötig gewesen. Die aufwendigen Unterwasserwelten wollte ich jedoch nicht zwei Mal machen… zum Glück hat alles geklappt!

**Modell 1
Goldgewinnung
1 : 10**

Die Szene des Goldwaschens ist in einem Bachbett angesiedelt. Beim Einlesen in die Thematik hat es mich gepackt, und ich bin selber zum Goldwäscher geworden. Diese Erfahrungen haben mir geholfen, den Prozess zu verstehen und für die Modellfiguren glaubhafte Arbeitsstellungen zu finden.

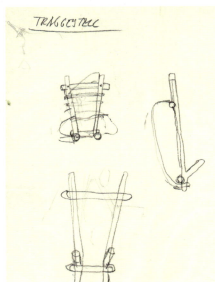

Weil es keine dokumentierten Funde gab, musste ich immer wieder improvisieren: so etwa beim Traggestell der Goldwäscher. Auch hier halfen eigene Erfahrungen und Überlegungen, und es galt jeweils: So oder so ähnlich muss es wohl gewesen sein!

Ich habe mir eine Waschpfanne gekauft und in einem Bach im Emmental eigene Versuche unternommen – leider ohne Gold zu finden.

Modell 4
Weihe an die Götter
1 : 10

Die Weihe an die Götter ist an einem See situiert. Mit Schilf und einer einfachen Uferbefestigung habe ich versucht, das spürbar zu machen. Die Gottheit ist einer keltischen Holzfigur aus dem Genfersee nachempfunden. Ihr goldener Torques um den Hals entspricht einem kleineren im Modell → *Goldverarbeitung*, wo sein Entstehungsprozess gezeigt wird.

Die Szene am See illustriert die Darbringung von Opfergaben. Um herauszufinden, was geopfert wird, habe ich zeichnerische Vorschläge gemacht und mit den Auftraggebern besprochen. Zur Gestaltung der sechs Menschen am Opferplatz hatte ich Vorgaben umzusetzen – wie sie aussehen sollten und ihre Kleider betreffend → *Figuren*. Die Kleider liess ich von der Textilgestalterin Colette Couboulès herstellen – auch sie musste sich an meine Vorgaben halten, damit es mir gelang, die steifen Figuren anzukleiden. Die Herstellung der kleinen Gewandfibeln war wiederum reine Goldschmiedearbeit.

Abb. 17. Trachtrekonstruktionen (ohne Umhang bzw. Mantel) nach der Lage der Trachtbestandteile; a Münsingen-Rain Grab 145, b Vevey Grab 23, c frührömische Frauentracht derselben Traditio

**Modell 2
Goldverarbeitung**
1:10

Es war mir wichtig, im Modell alle notwendigen Arbeitsabläufe zu zeigen – das Giessen, Schmieden, Treiben, Löten und Polieren.
Wie der → *Fachtext von Christoph Jäggy* zeigt, sind noch heute dieselben Goldschmiedewerkzeuge in Gebrauch wie in alter Zeit.

Auf einer Reise durch Indonesien habe ich auf Bali eine traditionelle und noch heute angewendete Löttechnik kennengelernt: Mit einem Metallrohr bläst ein Arbeiter dosiert in die Glut und ermöglicht eine Lötung.

Selbstverständlich habe ich die Möblierung meiner Modell-Goldschmiede gemäss allen mir verfügbaren Informationen vor der Umsetzung skizziert und besprochen. Eine Gussform aus Sandstein ist ebenfalls vorhanden.

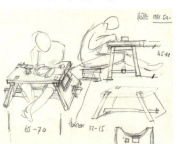

Anhand des gesicherten Fundes eines keltischen Schmuckstücks, eines Torques, habe ich nach dessen Vermassung für den Prozess der Goldverarbeitung im Modell mit einem Rund-Schmiedeeisen die verschiedenen Fertigungsstadien hergestellt. Zudem hat der fertige Torques ein Holzetui erhalten.

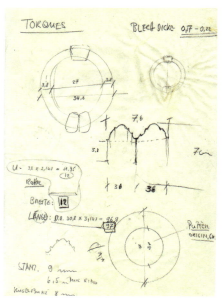
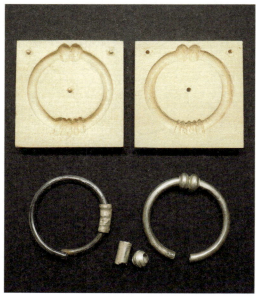

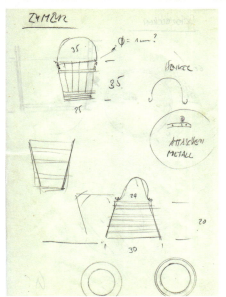
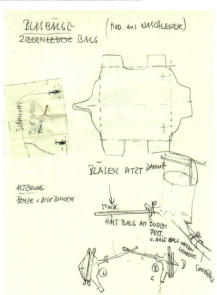

Modell 3
Münzprägung
1:10

Eine besondere Freude hat mir jeweils die Gestaltung von Feuerstellen bereitet. Über die gesamte Zeit habe ich verschiedene Kohlearten gesammelt: verbranntes und halb verbranntes Material, Asche und auch graue Bartstoppeln, mit denen sich Asche hervorragend darstellen lässt. Die Glut ist mit Tagesleuchtfarben bemalt. An dieser Feuerstelle ist der Blasebalg aus dünnem Ziegenleder, die Luftzufuhr zum Kohlefeuer aus gebrannten Tonröhren hergestellt. Ein Holzeimer mit Wasser steht bereit.

In einer Tüpfelplatte – einer Art Schmelztiegel – werden genauestens abgewogene Mengen an Gold geschmolzen und später mit Prägestempel und Hammer zu Münzen geschlagen.

Die Rohlinge werden mit Hammer und Prägestock zu Münzen geprägt.

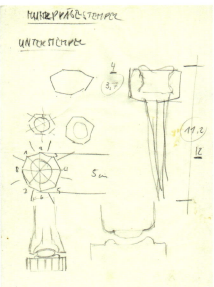

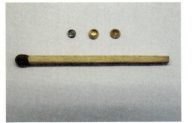

Die Modellmünzen sind alle aus echtem Silber und Gold – genau wie die einzelnen Teile des Torques. Nach dem Vorbild einer keltischen Goldmünze (oben, Ansicht Vorder- und Rückseite) habe ich die kleinen Münzen gestaltet, hier die Minimünzen und eine Vergrösserung davon in Silber.

Die Vitrine mit den alten und neuen Werkzeugen

Unsere heutigen Goldschmiedewerkzeuge – ein jahrtausendjähriges Erbe

Es war während der Vorbereitung für die Ausstellung «Gold der Helvetier» des Schweizerischen Landesmuseums im Jahr 1991. Für das Kapitel über die Techniken der Goldverarbeitung im Ausstellungskatalog beschäftigte ich mich mit antiker Goldschmiedetechnik und beriet auch Marius Rappo bei der Planung seiner Modelle.

Neben der angestrebten authentischen Darstellung der angewandten Methoden der Metallverarbeitung in den Modellen sollten zur besseren Veranschaulichung in der Ausstellung auch Originalwerkzeuge gezeigt werden.

Dazu bat mich Felix Müller von der Projektleitung, aus Abbildungen von Objekten der Fundstelle La Tène am Neuenburgersee diejenigen Gegenstände auszuwählen, welche als Feinschmiedewerkzeuge geeignet erschienen. Das waren leider nicht viele. Neben ein paar Meisseln nur einige Punzen und ein Gegenstand, den man als Schleifstein interpretieren konnte. Zu wenige und auch nicht zwingend einem Gold-, Silber- oder Kupferschmied zuzuordnen, irgendwie enttäuschend.

Kurz darauf stiess Felix Müller auf eine Publikation aus dem Jahr 1978, in welcher Zdravko Marić einen im Jahr zuvor entdeckten Depotfund beschrieb. Dieser wurde in einer Spalte des felsigen Bodens bei der Akropolis der illyrischen Stadt Daors im heutigen Bosnien-Herzegowina ausgegraben und auf das zweite Jahrhundert v. Chr. datiert, genau in die Zeitepoche, von welcher die geplante Ausstellung handelt.

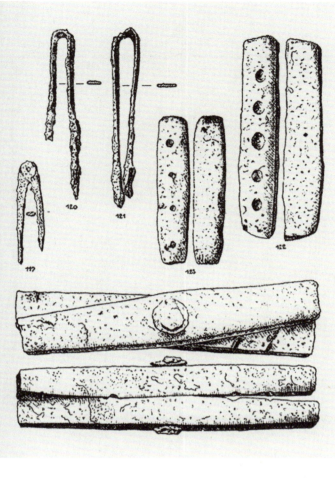

Zieheisen, Griffkloben,
Zirkel und Pinzetten

«Einkaufszettel»

Die Vitrine in der Ausstellung gestalteten wir dann spiegelsymmetrisch. Links alt, rechts neu: Gesenk und Negativmodell aus Bronze und Blei zum Punzieren und Modellieren; zwei Zieheisen mit Griffkloben zum Ziehen von Draht; Bretteisen, Amboss und Sperrhaken als Schmiedeunterlagen; diverse Punzen; eine vollständige Balkenwaage; eine Feuerzange; Pinzette und Zirkel; drei Hämmer; ein Blasrohr mit Silberdraht zum Löten. Daneben noch eine antike Schatulle mit vier Fibeln.

Seit über zwanzig Jahrhunderten gleichbleibend – ein wunderbar berührender Anblick!

Die Zusammenarbeit mit Marius Rappo mündete letztendlich in gemeinsam geleitete Führungen durch die Ausstellung, die technischen Aspekte der Metallverarbeitung betreffend. Diesen attestierte der ehemalige Basler Kantosarchäologe Rudolf Moosbrugger in einer Grusskarte eine «wohltuende Sachlichkeit», während er die Modelle als den «ruhenden Pol» der Ausstellung bezeichnete.

PS: Wegen des Jugoslawienkrieges konnten die Werkzeuge nach dem Ende der Wanderausstellung nicht nach Sarajevo repatriiert werden. Die Vitrine stand noch jahrelang im Landesmuseum.

Cristoph Jäggy
Goldschmied

Dieser Fund ist sensationell. Er wiegt 34 kg und enthält 245 Elemente, vorwiegend aus Eisen und Bronze. Neben Geräten für den Eisenschmied, für die Holz- und Bodenbearbeitung auch viele Werkzeuge, die nun eindeutig dem Gold- und Silberschmiedehandwerk zugeordnet werden können.

Anhand der Abbildungen wählten wir 14 Gegenstände aus und baten das archäologische Museum in Sarajevo um eine Leihgabe.

Beim Betrachten der nun ausgepackten Objekte verspürte ich eine so grosse Vertrautheit, dass es naheliegend schien, diesen eine jeweils heutige Variante gegenüberzustellen. Auch die Firma Bijoutil in Allschwil, spezialisiert auf den Handel mit Werkzeugen für die Schmuckproduktion, gewährte eine Leihgabe. Mithilfe eines Polaroid-Fotos als «Einkaufszettel» bedurfte es nur eines kurzen Blicks in die Regale des Ladens, und schon hatte jeder der antiken Gegenstände sein «modernes» Pendant, in Form und Funktion praktisch identisch.

Zdravko Marić, Depo pronadem u ilirskom gradu Doars. Glasnik Sarajevo, Arheologija N.S. 33, 1978, 23–113.

Andres Furger und Felix Müller, Gold der Helvetier: Keltische Kostbarkeiten aus der Schweiz, Ausstellungskatalog, Schweizerisches Landesmuseum, Eidolon, 1991.

Schloss Staufenberg (D)
1:100

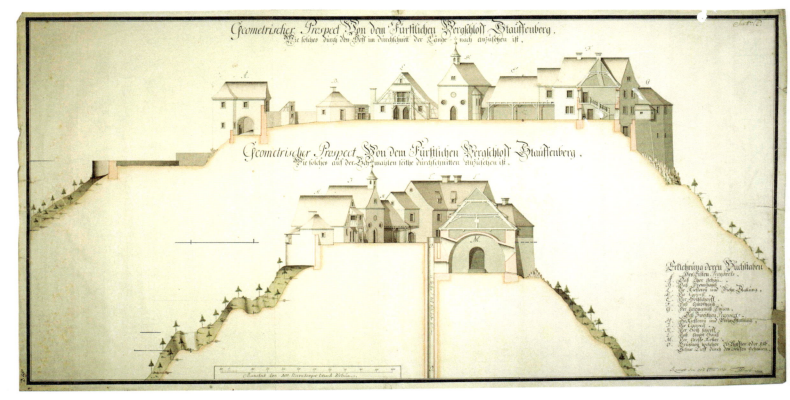

Der «Geometrische Prospect von dem Fürstlichen Bergschloss Stauffenberg» ist ein schöner, kolorierter Plan, der im Jahr 1773 erstellt wurde. Der abgebildete Längs- und Querschnitt durch den Schlosshügel waren für mich auch für die Gestaltung des Terrains sehr aufschlussreich. Zudem hatte ich vor Ort eine eigene Fotodokumentation erstellt. So konnte ich jeweils die spezifischen Situationen im Modell umsetzen. Häuser und Umfriedungsmauer sind aus MDF gefertigt, die Fenster und Türöffnungen mit dem Stechbeitel herausgeschnitzt. Das Mauerwerk habe ich am Schluss mit einem selber hergestellten, eingefärbten Kunststoffmörtel überzogen.

Sichtbare Ecksteine und Quader der Fassaden und Mauern sind in die abgetrocknete Mörtelschicht eingeritzt. Die Lebendigkeit des Mauerwerks habe ich mit unzähligen Acryl-Farblasuren erreicht, die ich mit verschiedenen Strukturschwämmen und Pinseln aufgetragen habe. Die Grundfarbe der Dachflächen wurde ebenfalls mit einem Strukturschwamm aufgetragen, für die Textur der Ziegel habe ich – ähnlich dem Prinzip Kartoffelstempel – aus Schaumgummi oder Styrofoam einfache Muster geschnitten.

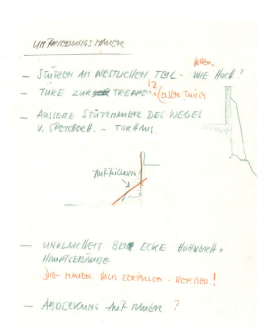

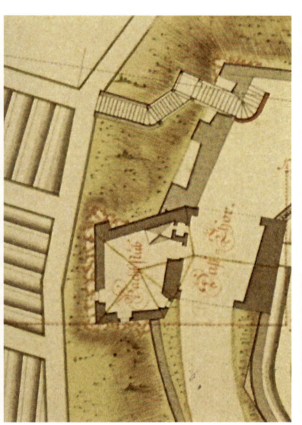
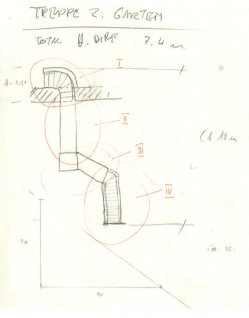

Anhand der Treppenanlage lassen sich verschiedene Arbeitsschritte darstellen: Der Grundrissausschnitt war vorgegeben. Darauf zeichnete ich die verschiedenen Treppenteile ein und legte die erforderlichen Masse fest. Die Treppenkonstruktion musste den Geländesprung von 7,4 m überwinden. Kein Wunder, dass da einige Fragen auftauchten, die Dr. Petra Rohde schriftlich beantwortete. Erst danach konnte ich mit der Ausführung der Treppen beginnen.

```
4) Treppe zum Garten: Die heutige Treppe existierte im 18. Jhd.
   nicht, sondern tatsächlich die, wie auf dem Plan eingezeichnet.
   Material der Tür eher Holz als Eisen.
5) Garten: keine Zäune
6) Innenhof: teilweise gepflastert, so wie besprochen.
7) Entwässerung: noch nicht geklärt.
8) Torhaus: Dachkonstruktion ---> Überkragende Teile aus Holz.
   Toreinfahrt ohne Fallgitter. Tor: Holz.
9) Fensterläden: lassen wir weg.
10) Hühnerhof: wie besprochen mit dem kleinen Vordach und zum
    Hof abgrenzend durch einen Bretterzaun o.ä., jedenfalls keine
    starke Mauer.
12) Abdeckung der Mauer: wie heute: im Hof durch gerade Platten,
    in der Zufahrt durch leicht abgeschrägte Abdeckplatten.
```

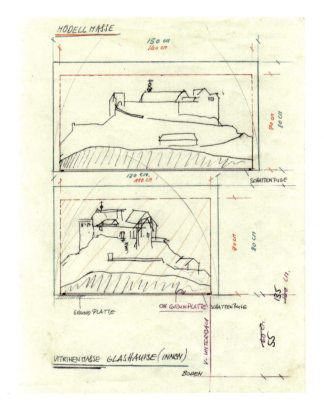

Auch für die Errechnung der Vitrinenmasse war ich zuständig.

Bauplatz Schloss Prangins um 1738

1:50

Die gesamte Erfahrung meiner vorangehenden Modellbauten floss bei Prangins ein – darüber hinaus war hier viel Architekturwissen gefragt. Bisweilen habe ich externe Fachleute wie Zimmermänner, Steinmetze oder Baufachleute zur Klärung von Fragen beigezogen.

Die Gebäude sind in sich stabil konstruiert, sie konnten als Ganzes ins Modellterrain eingefügt und wieder entfernt werden. Immer wieder musste ich das Modell abräumen, um an den verschiedenen Teilen ausserhalb des Terrains arbeiten zu können.

Feine Arbeiten, wie etwa die Montage der Dachziegel, liessen sich nicht am Originalstandort ausführen. Dachstühle und Dächer wurden daher erst ganz zum Schluss auf den Gebäuden fixiert.

Die Gebäudefassade ist plastisch gestaltet. Dank den genauen Fassadenplänen konnte ich die unterschiedlichen Fassadenteile ableiten. Die hervorstehenden Bauteile, Lisenen und Fenstergewände wollte ich nicht nur farblich absetzen, sondern tatsächlich dreidimensional nachbilden. Ebenso die Gesimse, die bei den Türmen und zwischen den Geschossen immer wieder anders aussehen. Zunächst wollte ich diese Formen in Holz fräsen lassen – in der benötigten Grösse kaum machund bezahlbar. Doch dann kam ich auf die Idee, wie für Gipsstuck eine Art Schablone, ein Zieheisen herzustellen. Nach mehreren Versuchen gelang es, dünne Lindenholzleisten in die gewünschte Form der Gesimse zu schaben.

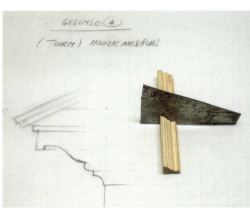

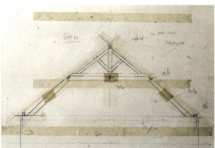

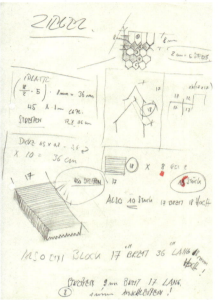

Dachstuhlkonstruktion und Ziegelherstellung, zusätzliche Giebelvasen – die notwendigen Entwicklungsschritte waren aufwendig, aber spannend. Die Skizze zeigt die Ziegelherstellung mit Flugzeugsperrholz in der Schichtblocktechnik.

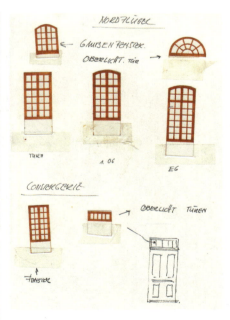

Für die Ausformung der Fenster stellte ich Versuche in verschiedenste Richtungen an – sie sind alle wegen der Kleinteiligkeit gescheitert. Heute wäre dies mit der Hilfe von Schnittlaser oder 3D-Druck wesentlich einfacher! Schliesslich habe ich die feine Versprossung der Fenster mit einer Reissfeder auf dünnes, transparentes Plexiglas aufgezeichnet und die Fensterkreuze aus dünnen Holzstäbchen aufgeleimt, ging es doch um Fenstergrössen zwischen 2 und 4 cm.

Bei den Fensterrahmen oder auch Dachziegeln, eigentlich immer dort, wo viele gleiche Elemente benötigt wurden, hat sich die Schichtblocktechnik bewährt: Verschiedene Schichten Flugzeugsperrholz habe ich mit Rubber-Cement (lösbarem Leim) zu Blöcken geklebt, die als Ganzes bearbeitet werden konnten. Nach der Gestaltung lassen sich die Schichten gleicher Bauteile auseinandernehmen.

Der Bau des umlaufenden Gerüstes von Prangins war eine immense Arbeit: Um die unzähligen Knoten zu binden, benutzte ich Chirurgenbesteck. Die minimalen Bewegungen führten zu Problemen in meinen Gelenken, die Arme schmerzten dermassen, dass ich mich nur noch zwei Stunden täglich dieser Präzisionsarbeit widmen konnte.

Für die technische Umsetzung des Gerüstes sowie zu den Maurerarbeiten am Südflügel konnte ich Marcial Lopez, den damaligen Hüttenmeister der Münsterbauhütte Basel befragen. Ich war unsicher in Bezug auf die Gerüsthöhe, ob und welche Materialien normalerweise darauf gelagert werden. Zu Beginn schaute der Fachmann nur, doch als es «klick» machte, war es wunderbar zu beobachten, wie er sich in die Modellsituation hineinbegab: Sein ganzer Körper machte die mentalen Bewegungen auf dem Baugerüst mit. So, von einem Fachmann abgenommen, war das Gerüst für mich in seiner Ausführung stimmig. Auch war meine Freude über die letztendliche Stabilität gross – und Beweis für die richtige Konstruktion!

→ *Siehe Bild auf vorangehender Doppelseite*

Es war wohl im letzten Viertel der Arbeiten zu Prangins. Die Sekretärin des Landesmuseums teilte mir per Telefon mit, dass zwei Tage später der Direktor, Andres Furger, in Basel sei und das Modell besichtigen wolle. Zu diesem Zeitpunkt war ich mit dem Überzug des Terrains beschäftigt. Das heisst, sämtliche Gebäude, Gerätschaften, Bäume – einfach alles! – war abgeräumt und irgendwo in meinem Atelier zwischengelagert. Für eine Besichtigung war dies der ungünstigste Zeitpunkt überhaupt! Auch mit gutem Willen war es nicht möglich, diesen Zustand in kurzer Zeit zu verändern – diese Arbeitsphase des Einrichtens dauerte mindestens eine Woche ... Meine entsprechende Ablehnung des Besuchs kam nicht gerade gut an, ob ich eigentlich wisse, wer Herr Dr. Furger sei?! Doch meine Erklärung stiess bei der Sekretärin auf taube Ohren. Erst der Direktor selber zeigte sich einsichtig und verzichtete darauf, in Basel einer erdig-braunen Schicht seinen Besuch abzustatten.

Zwischendurch fühlte ich mich als kleiner Herrgott, welcher eine ganze Welt im Kleinen erschaffen darf. Die Vielseitigkeit der Modellbauarbeit ist enorm: Bei der Platzierung der Arbeiter und Arbeitergruppen musste ich Regie führen – Tätigkeit, Standort – alles hängt zusammen und muss vom Ablauf her logisch inszeniert sein. Natürlich gefielen mir auch Inszenierungen im Freundeskreis: Nicht nur die Vorvisierung durch Freunde, Beteiligte und Bekannte vor Abgabe des Modells gehörten dazu. Als ich auf dem Dach des Südflügels das Bäumchen montieren konnte, habe ich ein Aufrichtefest veranstaltet. Für mich waren diese Anlässe wichtig – ich erhielt jeweils Kritik und Lob für meine Arbeit. So konnte ich überprüfen, ob meine Welten verstanden werden.

→ *Eine weitere Umsetzung dieser Thematik zeigt das beigelegte Pop-up.*

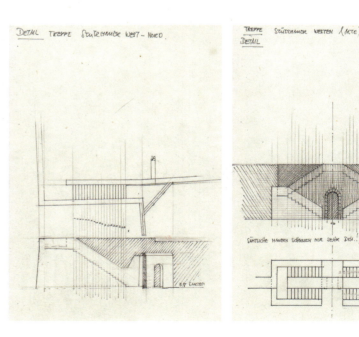

Die Treppenanlagen, besonders die doppelt zweiläufige Treppe, waren aufwendig herzustellen. Sie alle haben den Weg in meine künstlerische Arbeit gefunden.

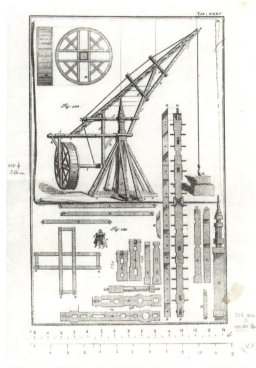
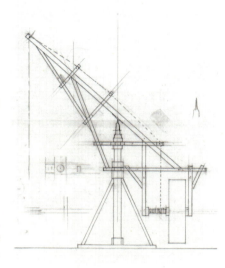

In der «Encyclopédie Diderot et d'Alembert» fand ich die Abbildung und genauen Konstruktionsangaben eines Hebekrans aus Holz.
Angetan von diesem Objekt, meinte der wissenschaftliche Begleiter, Thomas Loertscher, dass ich doch gleich zwei davon herstellen solle – sie sähen so gut aus. Zum Glück wurde mein Einwand akzeptiert, dass so ein Gerät sehr aufwendig zu erstellen sei und mit Garantie nicht zwei davon auf der Originalbaustelle im Einsatz waren.

Akribisch widmete ich mich auch dem Werkplatz, der während der Umbauzeit von Schloss Prangins auf einem Teil des Schlossgartens installiert war. Hier war genügend Platz, die einzelnen Handwerker bei ihrer Arbeit zu zeigen: Steinmetze, Schreiner und Zimmerleute – auch bei ihrer Gestaltung hat die «Encyclopédie» mit illustrativen Zeichnungen geholfen.

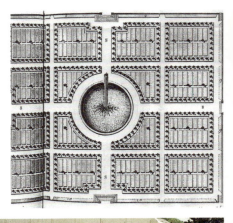

Bild 192. Blick auf einen Zimmerplatz mit im Vordergrund liegenden, zweifach ausgeriegelten Wänden; abgebunden nach der halben Auflage. — Im Hintergrund ein aufgerichtetes Wohnhaus und einige Baustellen

Der mit einem Holzzaun geschützte Gemüsegarten – wohl jener der Dienerschaft – grenzt an die Umfriedungsmauer. Ausserhalb der Anlage führt ein Knecht ein mit schweren Steinblöcken beladenes Pferdefuhrwerk zur Baustelle.

Als ich auf dem Dach des Südflügels das Bäumchen montieren konnte, habe ich ein Aufrichtefest veranstaltet.

Figuren

Die Herstellung der Figuren stellte für mich immer eine spezielle Herausforderung dar. Sie führen nicht nur durch verschiedene Themen und Epochen, anhand von ihnen lässt sich auch die Entwicklung meiner Modellbautätigkeit ablesen.

Die Aufgabe der Figuren geht im Modell über reine Staffage hinaus – sie bringen jeweils wesentliche Informationen aus der Zeit der Modellsituation, über das damalige Handwerk, die soziale Schicht und zur generellen Lebensweise zum Ausdruck. Die Figuren sind es, die dem Modell das Leben einhauchen.

Oft wurde ich auf die Grösse der Hände meiner Figuren angesprochen – sie sprengen die Proportion häufig und sind zu gross ausgeführt. Dies gründet darauf, dass die meisten Figuren aktiv eine Tätigkeit ausüben und Werkzeuge in den Händen halten. Damit ich Säge, Hammer und Weiteres richtig befestigen kann, braucht es eben eine gewisse Grösse der Hände.

74
Figuren 1:25

→ Gallorömischer Tempel
→ Munimentum
→ Murus Gallicus
→ Padnal
→ Breisach: Hauptwall

76
Figuren 1:33

→ Ramme

78
Figuren 1:10

→ Römische Mannschaftsbaracke
→ Gold der Helvetier

79
Figuren 1:350

→ Festungsbau Breisach

80
Figuren 1:50

→ Schloss Prangins

Figuren 1:25

Damit sich gleichartige Figurenteile in Serie herstellen lassen, habe ich eine Biegeschablone entworfen. Das Grundgestell ist aus Messing, die Teile liessen sich zusammenlöten, in die richtige Position biegen, und die überflüssigen Drähte wurden gekappt. Die so gefertigten Gestelle wurden in eine dickflüssige Farbmasse getaucht und vor ihrem Einsatz getrocknet.
Auch bei späteren Figuren im Massstab 1:25 habe ich dieses Fertigungsprinzip angewendet. Im Gegensatz zu den ersten, eindeutigen Drahtfiguren wurden diese etwas stärker kaschiert.

Die Menschen und Tiere aus der Bronzezeit im Modell von → *Padnal* sind naturalistischer gestaltet und haben ein anderes Volumen. Die sichtbaren Körperteile sind ausgeformt, und statt aus Stoff sind hier Körper wie Kleider aus einem Zweikomponentenkunststoff modelliert. Mit den Kleidern aus ausgewalztem Kunststoff – und vor dessen Aushärtung – konnten die Figuren «angezogen» werden. Je nach Mischung bedeutete dies eine halbe Stunde Ankleidezeit.

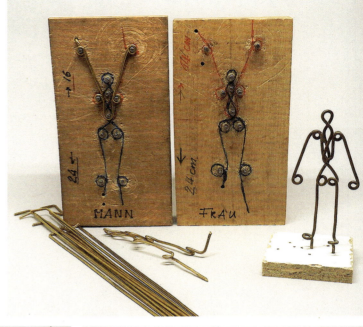

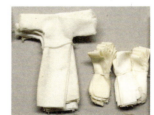

Bei den Basler Modellen → *Munimentum* und → *Murus Gallicus* sind die Drahtfiguren bewusst schlicht gehalten. Am Munimentum arbeiten Soldaten – ich habe sie in ein uniformes Grau gewandet. Beim Murus Gallicus sind die Menschen vom Typ her ähnlich gestaltet. Die Frau links mit dem Krug ist ein Prototyp aus dem Modell → *Padnal*. Die Farbigkeit ist zurückhaltend gewählt, es dominieren Erdtöne.

Meine ersten Figuren habe ich für den → *Gallorömischen Tempel* geschaffen. Aus Lindenholz geschnitzt, stehen die kleinen Statuetten im Innern des Tempels. Die Figur aus dem Umgang könnte ein Priester sein, ich habe ihn in seiner Form reduziert und ganz schlicht in Weiss gehalten.

Während des Baus der Figuren für die beiden Festungsmodelle in → *Breisach* habe ich an einer rationelleren Herstellungsart herumgetüftelt. So ist ein neuer Figurentyp entstanden: ein Zinnguss. Allerdings habe ich diesen Typ nie eingesetzt – er blieb daher unerprobt im Modell.

Figuren 1:33

Die Figuren für das Modell der
→ *Ramme* habe ich speziell entwickelt,
es gab verschiedene Versionen. Die eine
war recht aufwendig aus Messing gefertigt und sah ziemlich ausserirdisch
aus – war aber leider viel zu beweglich
für den benötigten Einsatz.

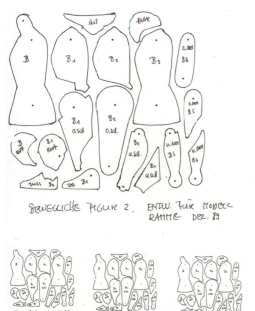

Über die Bewegungsanalyse der Tätigkeiten meiner Figuren bin ich schliesslich zu einer Vereinfachung gekommen, zu einer Art Schichttechnik. Zunächst habe ich Schnittmuster entworfen und simple Kartonmodelle gebaut, um für den Endgebrauch statische Figuren aus geschichtetem Flugzeugsperrholz zu konstruieren. Die Pferde sind analog gebaut. Der Aufbau über Schichten hat sich vor allem bei den beweglichen Figuren bewährt, diese wurden aus Messingblechen gefertigt.

Figuren 1:10

Die im Massstab 1:10 gefertigten Römerfiguren und Helvetier sind sehr einfach gekleidet. Dabei war es eine Herausforderung, passende Muster und Stoffe zu finden. Ich prüfte sogar, ob sich die karierten Muster für die Helvetier weben lassen, doch die Dimension und die benötigte Menge waren zu klein. Einige wenige klein gemusterte Textilien konnte ich finden. Für eine weitere Auswahl zeichnete ich mit farbechten Filzstiften direkt auf die unifarbenen Stoffe.

Die Schnittmuster für die Kleider sind ganz einfach gehalten. Textilfachfrauen haben mir bei den Näharbeiten geholfen – sie haben sich an meine klaren Anweisungen gehalten, welche Naht bis wo zugenäht, welche bis wo offen sein musste, damit ich die steifen Figuren auch einkleiden konnte!
Alle Versuche, das Schuhwerk aus Leder herzustellen, sind gescheitert. So verwendete ich auch hier wieder den bereits erprobten Zweikomponentenkunststoff.

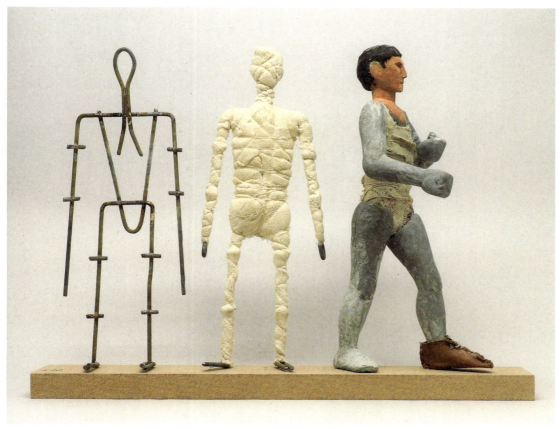

Gleich wie die Vorgängerfiguren sind auch die Figuren im Massstab 1:10 konstruktionsmässig ähnlich gefertigt: Ein inneres Metallgestell bildet das Rückgrat. Die Metallstifte, die bei all meinen Figuren zu den Füssen herausschauen, sind Halterungen zur Befestigung am Boden. Während ihrer Entstehungszeit stehen die Figuren damit auf provisorischen Sockeln.

Das zusammengelötete Messinggestell wird mit Textilresten umhüllt und erhält ein Körpervolumen. Die am Schluss sichtbaren Körperteile werden aufmodelliert, nach dem Aushärten lässt sich der Kunststoff ähnlich wie Hartholz bearbeiten.

Jede Figur kennt ihre Aufgabe und hat von Beginn weg ihre Position im Modell. So musste ich bereits während der Fertigung die richtige Körperstellung biegen und der Figur – ab und zu – auch das richtige Werkzeug in die Hand geben.

Figuren 1:350

Die kleinsten Figuren aus dem Modell
→ *Breisach: Neutor*

Figuren 1:50

Et voilà: Madame Krepp! Die Dame ist mein erster Figurenversuch im Massstab 1:50. Sie thront daher auf einem hohen Sockel, ihr grünes langes Kleid ist aus Wachskrepppapier. Dies ist in der Verarbeitung ideal – es lässt sich drücken, ziehen und drapieren – einfach fantastisch. Doch Madame ist recht empfindlich und kann nicht eingefärbt werden.

Die Figuren von → *Schloss Prangins* bauen auf dem langjährigen Erfahrungsschatz aller vorangehenden Arbeiten auf. Der Massstab 1:50 war für mich der kleistmögliche, zeigten mir doch die Arbeiten für → *Schloss Staufenberg* im Massstab 1:100, dass eine gut ablesbare Umsetzung der handwerklichen Tätigkeiten in dieser Grössenordnung nicht machbar ist.

Das Grundgerüst der Figuren besteht erneut aus Messingdraht, vorgebogen auf einer Schablone. In fünf Entwicklungsschritten lässt sich ablesen, wie Kopf, Beckenbereich und Füsse aus dem Zweikomponentenkunststoff modelliert sind und das restliche Körpervolumen aus schmal geschnittenen Streifen aus selbstklebendem Verbandsvlies hergestellt wird. Das nachfolgende Biegen der Figur in ihre Arbeitsstellung brauchte Einfühlungsvermögen meinerseits: Ich stellte jede Bewegung nach.

Auch für die Figuren von → *Schloss Prangins* verwendete ich eigene Schnittmuster für die Kleider. Die Kleider sind zum Teil aus Verbandsvlies und aus verschiedenen Klebebändern hergestellt. Die Kleiderteile, einseitig klebrig, applizierte ich per Pinzette auf die Figuren, nach dem anschliessenden Vollbad in einer neutralen, hautfarbigen Acrylfarbe ist die ganze Figur in sich verleimt. Für mich war es immer erstaunlich, was sich ganz zum Schluss aus den Figuren durch das Zurechtschneiden der Kleider und mit etwas Farbe noch herausholen liess.

Entstehungsschritte: Prototyp des Pferdes aus Zweikomponentenkunststoff, Zinnguss blank, bemaltes Pferd mit Halfter. Unten die dreiteilige Silikonform mit Zinnguss.

In der Büchse stehen Versuchsfiguren.

Was für meine Umgebung aussah wie Pantomimeübungen, war der ernsthafte Versuch, die Position der Figuren selber einzunehmen und authentisch zu gestalten.

Gerätschaften und Tätigkeiten

Unter «Gerätschaften» werden all die Gegenstände zusammengenommen, welche meine Modellfiguren brauchen, um ihren Tätigkeiten nachzugehen. Dies umfasst Werkzeuge, Fuhrwerke, Hebekräne, Leitern, Töpfe, Regale und vieles mehr.

Für die Herstellung der Gerätschaften für die Modelle aus dem 17. und 18. Jahrhundert, berief ich mich auf verschiedene Publikationen. Der schmale Katalog «Erinnerungen an den ländlichen Alltag – 22 Miniatur-Modelle von Christian Sigrist» und vor allem die umfangreiche «Encyclopédie Diderot et d'Alembert» leisteten hierzu wertvolle Dienste: Brauchte ich Informationen zur Herstellung von Rädern, fand sich dies unter der Rubrik «Wagnerei» oder «Huf- und Wagenschmiede». Themen wie Landwirtschaft, Architektur, Musikinstrumentenbau, Kunst oder auch generell die Bearbeitung von Materialien sind bestens dokumentiert. Ergänzend zu den Fachinformationen der wissenschaftlichen Begleiter der Auftraggeber war vor allem die «Encyclopédie» eine wertvolle Quelle. Zwar auf Französisch verfasst, aber mit dermassen aussagekräftigen Bildern versehen, dass ich immer fand, was ich brauchte.

Die Auswahl der nachfolgenden Kapitel umfasst nur einen kleinen Teil der Herstellungstechniken. Ich habe sie gewählt, weil die Herangehensweise besonders war – oder weil sie mir speziell Spass machten. Ebenso hat der noch bestehende Materialfundus die Kapitelauswahl mitgeprägt.

**84
Werkzeuge**

→ *Breisach: Fundament*
→ *Schloss Prangins*

**86
Fuhrwerke und Räder**

→ *Breisach: Fundament*
→ *Breisach: Hauptwall*
→ *Schloss Prangins*

**88
Waffen**

→ *Munimentum*
→ *Padnal*
→ *Römische Mannschaftsbaracke*
→ *Breisach: Neutor*

**90
Töpferwaren**

→ *Padnal*
→ *Römische Mannschaftsbaracke*

Werkzeuge

Bei den Modellen mit Massstab 1:10 und 1:25 habe ich alle Werkzeuge einzeln – und nicht in Serie – hergestellt. Die Köpfe sind aus Eisen, die Werkzeugstiele habe ich aus dafür bestens geeigneten Zahnstochern und aus Holz eines Reisigbesens gefertigt. Auch hier bildeten die Zeichnungen aus der «Encyclopédie Diderot et d'Alembert» beste Vorlagen für die Umsetzung.

Dank meinen Goldschmiedewerkzeugen konnte ich diese kleinen Formate in Eisen gut umsetzen.

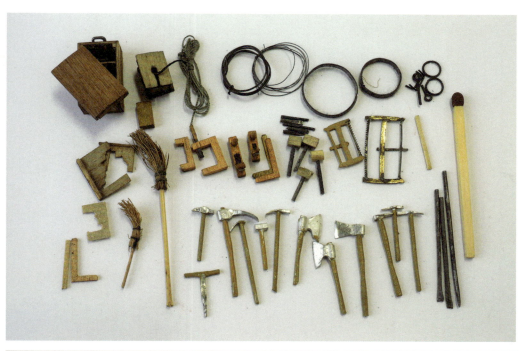

Trotz Liebe fürs Einzelstück war es immer ein Abwägen, ob sich der Aufwand allenfalls für eine Gussform lohnt. Nach dem Erstellen eines Prototyps war diese Frage meist geklärt. Dort, wo jeweils viel gleiches Werkzeug benötigt wurde, habe ich Zinngüsse hergestellt, die Prototypen waren aus Messing oder Eisen.

Fuhrwerke und Räder

Grosse Werkzeuge und Geräte wie Schubkarren oder Lastenvehikel wurden aus Holz gefertigt und gegebenenfalls mit Rädern aus Zinn kombiniert. Für die serielle Herstellung habe ich dünne Holzbrettchen mit Doppelklebeband zu einem Stapel fixiert und im Schraubstock zu einem kompakten Klotz gepresst. Dieser liess sich bequem sägen und schleifen – und danach wieder in die dünnen Einzelteile auseinandernehmen. Für das exakte und zeitsparende Zusammenleimen zum Schubkarren habe ich eine Lehre erstellt – so konnte nichts mehr schiefgehen.

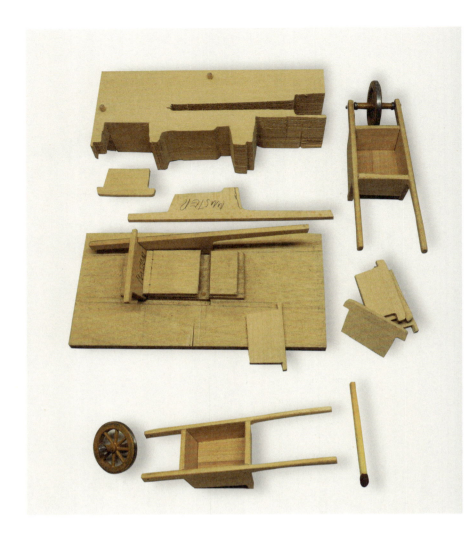

Eine dreidimensionale Vervielfältigungstechnik war dort, wo viele gleiche Gerätschaften benötigt wurden, zwingend. Was heute als 3D-Druck möglich ist, habe ich in Gusstechnik hergestellt – diese war mir von der Goldschmiedearbeit geläufig. Dennoch sind die ersten Güsse nicht perfekt gelungen, weil ich zu wenige Entlüftungskanäle einberechnet hatte. Zudem brauchte es sorgfältige Vorbereitungsarbeit, denn ein Fehler in der Form wiederholt sich bei jedem Guss. Neben der Negativform aus Silikon braucht es meistens eine Stützform aus Gips, durch welche das flüssige Metall auch eingegossen werden kann. Das rote Silikon ist bis 400° hitzebeständig, ideal für den Zinnguss, weil dieses Metall einen niedrigen Schmelzpunkt von 230° aufweist.

Für die Fuhrwerke und Schubkarren für
→ *Breisach: Fundament und Hauptwall*
brauchte ich viele Räder. Auf klassische
Wagnerart – Holz mit Eisenbeschlägen
– wäre das viel zu aufwendig geworden.
Mit einem Zinnguss konnte ich in Serie
gehen. Für die schwierige Bemalung
des Materials fand ich in einem Buch
über Zinnsoldaten das nötige Wissen
und konnte, dank eines speziellen Malmittels, auf meine alten Ölfarben zurückgreifen.

Waffen

Die ersten Waffen – für die römischen Söldner im → *Munimentum* – sind sehr einfach gehalten: Schwerter aus Eisen mit einer Scheide aus Stoff. Die Schilder und Helme sind aus dünnem Zinnblech, welches zur seriellen Herstellung in eine Negativform aus Holz gedrückt wurde.

Ausrüstung eines Jägers von → *Padnal:* Pfeil, Bogen und Köcher, Steinaxt und Gefässe aus Horn.

Römische Waffen, Schild und Gürtel. Die Herstellung von möglichst originalgetreuen Waffen machte mir viel Freude – die Prototypen waren reine Goldschmiedearbeit, die ich dann als Zinnguss vervielfältigte.

Römische Schwerter: links Prototyp mit Schwert und Scheide, rechts alles in einem Stück als Zinnguss, roh und bemalt.

Karren und Kanone für die Festungsanlage von → *Breisach: Neutor*.

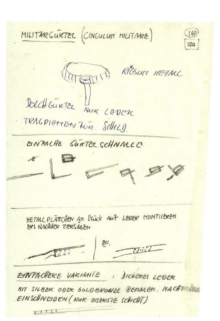

Einige Ausrüstungsgegenstände habe ich mit Zweikomponentenkunststoff modelliert und danach als Zinnguss seriell hergestellt. Vor allem bei den Kettenhemden war der Kunststoff dienlich: Nach dem Zusammenkneten verblieb je nach Mischung eine fast einstündige Verarbeitungszeit des Teiges. Nach dem Walzen übertrug ich das Schnittmuster und drückte mit einem Metallgeflecht, einem Sieb, die Textur des Kettenhemdes ein. Die ausgeschnittenen Teile konnten mit etwas Wasser an den Verbindungsstellen dauerhaft zusammengefügt werden, die Bemalung kam zum Schluss.

Der gepanzerte Gürtel-Prototyp für die Legionäre ist aus Leder, die Schnalle aus Messing mit einem genieteten Metallplättchen drauf. Auch diesen Gürtel habe ich in den Zweikomponentenkunststoff gedrückt, um ein einseitiges Negativ zu erhalten. In die ausgehärtete und ausgepuderte Form konnte ich erneut Kunststoff hereindrücken und letztendlich die frischen Gürtel in die Waffenkammer hängen.

Töpferwaren

Die ersten Versuche, Minitöpfe herzustellen, sind kläglich gescheitert. Mein Wissen über das Töpfern war mässig, doch ich wusste, wie es technisch funktioniert. So habe ich zu meinem Goldschmiede-Hängemotor ein Zusatzgerät entwickelt, einen alten Feilkloben abgeändert, damit ich darin das Handstück fest montieren kann, und eine runde Messingplatte von 4 cm Durchmesser und 2 mm dick wurde zur Töpferscheibe.

Mit meinen grossen Händen war an eigentliches Töpfern in dieser Dimension nicht zu denken – aber ich war überzeugt, dass es mithilfe von Werkzeugen möglich sein muss. Pinzetten sind ja nichts anderes als eine Verlängerung der Finger! Für das Hochziehen, Verformen und Drücken waren aber die Werkzeuge zu steif, die Übersetzung zu gross, und bei der kleinsten Fehlbewegung flogen die Tonklümpchen. Unzählige Male sind halb fertige Töpfchen weggespickt – und blieben unauffindbar im Atelier. Resigniert gab ich diesen direkten Weg, an die Keramik zu kommen, auf.

Für die nächsten Versuche verlegte ich mich aufs Drechseln: Dies war von der Form her etwas erfolgversprechender, doch die Nachbearbeitung, Lindenholz auf Keramik zu färben, war mühsam, das Resultat nicht überzeugend.

Bei der Terra Sigillata, dem römischen Geschirr, für die → *Römische Mannschaftsbaracke*, habe ich die Töpferwaren mit flüssigem Bienenwachs getränkt und anschliessend poliert oder mit eingefärbtem Lack behandelt, um den rötlichen Ton und Glanz zu erreichen.

Hier habe ich die Archäologin Anne-Käthi Wildberger beigezogen, damit sie mir die Richtigkeit meiner Arbeit bestätigt: «(...) *ich erinnere mich noch gut, als Du mich zum ersten Mal in Dein Atelier gebeten hast. Du wolltest testen, ob Deine winzige Terra-Sigillata-Keramik als solche zu erkennen sei. Sie war perfekt.*»

Mit zum Teil selber hergestellten und abgeänderten Zahnarztwerkzeugen liessen sich endlich die Tongefässe herstellen.

Während des Drechselns kam mir die Idee, nicht zu töpfern, sondern den Ton abzudrehen: Den halbgetrockneten, lederharten Lehmrohling habe ich mit einem Leimlehmgemisch auf der Töpferscheibe befestigt.

Die Töpferwaren habe ich zum Teil selber gebrannt, zum Teil in eine Keramikbrennerei gegeben. Hier sind Tongefässe für → *Padnal* bereit für den Brand.

Einige Töpfe sind aus Zweikomponentenkunststoff modelliert. Holzstäbe, deren Ende der Innenform von einfachen Gefässen nachempfunden war, liessen sich mit ausgewalltem Zweikomponentenkunststoff überziehen und anschliessend in dazu passende Negativformen drücken. So erhielt ich becherartige Gefässe. Dank etwas Puder oder Mehl klebte der Kunststoff nicht am Holz und liess sich gut formen.

Bepflanzung

Vor allem in meinen späteren Modellen finden sich neben der reinen Architektur und den Figuren auch Naturräume: Bäume, Sträucher, Wald und Gärten werden zu Bestandteilen der verschiedenen Situationen.

Die Herstellung dieser vegetativen Elemente erforderte eine intensive Auseinandersetzung. Zu Beginn meiner Modellbautätigkeit suchte ich Fertigelemente auf dem Modellbaumarkt, speziell im Segment für Eisenbahnmodelle. Doch die vorgefertigten Naturteile passten weder massstäblich noch in ihrer Ausformung zu meiner eigenen Handschrift des Modellbaus – und so fiel der Entscheid, auch bei der Umsetzung der Natur selber «ans Werk» zu gehen.

Das Experimentieren mit verschiedenen Materialien, mit gefundenen und getrockneten Pflanzen, mit eingefärbtem und zugeschnittenem Schaumgummi oder mit speziell präparierten Pflanzenteilen aus dem Dekorationsbereich nahm seinen Lauf – gelungene Resultate zeigten sich bei Bäumen, die ich aus Holunderdolden herstellte, bei einem Fruchtbaumspalier aus Teilen der wilden Rebe, mit aus Hasel hergestellten Tannen und den Gartenanlagen aus verschiedensten Materialien.

94
Bäume mit Stamm und Krone

→ *Schloss Staufenberg*
→ *Breisach: Neutor*
→ *Schloss Prangins*

96
Weiss blühender Frucht-Spalier

Tannen

→ *Schloss Prangins*
→ *Padnal*

97
Rebbau

Garten, Versuchsbeet

→ *Schloss Staufenberg*
→ *Schloss Prangins*

Ich hatte Spass daran, die Ablesbarkeit der verschiedenen Pflanzen so weit zu treiben, dass sie unverwechselbar waren.

Bäume mit Stamm und Krone

Der Herstellungsprozess der Bäume erfolgt über verschiedene ausgetüftelte Schritte: Für den Massstab 1:25 haben sich Holunderdolden als Baumskelette bewährt.

Zunächst werden die «Stämme und die dicken Äste» der Holunderdolden mit Wachskrepppapier verdickt und abgedeckt, die Krone mit Sprühleim eingesprayt und mit Blättern überstreut. Dieses Streugut wurde in verschiedenen Grössen, aus unterschiedlichen Materialien und in diversen Farben hergestellt.

Ich verwendete eingefärbte Sägespäne oder auch getrocknete Kastanienblüten und Papierschnitzel, die ich vorgängig in einer alten Kaffeemühle zerkleinert hatte – das Streugut, die verschiedenen Farben zusammen kombiniert, ergab spannende Effekte.

Was relativ einfach tönt, ist recht aufwendig. Die Dolden des Holunders behalten ihre wunderbare Form als Mini-Baumskelette nur dann, wenn sie getrocknet werden. Um zu jeder Jahreszeit Bäume greifbar zu haben, legte ich einen Vorrat an.

Nach dem Ernten der Holunderbeeren von den Dolden, werden jeweils grüne Dolden zu einem Bündel geschnürt, lose umwickelt und getrocknet. In Seidepapier eingeschlagen, lassen sich diese fragilen Gebilde problemlos aufbewahren. Bei Bedarf werden sie ins Wasser gelegt und nach dem Aufsaugen erhalten sie wieder ihre ursprüngliche Form. Darauf folgt das erneute Trocknen über das Einsanden.

Baumkronen aus eingefärbten
Abwaschschwämmen

Verschiedenes Testmaterial für
Modellbäume und Sträucher

Weiss blühender Frucht-Spalier

Die geeigneten Naturmaterialien für die Modellvegetation finde ich oft zufällig: Beim Zurückschneiden der Wilden Rebe an meiner Hausfassade bemerkte ich, dass mit den Haftwurzeln auch ein Teil des mineralischen Anstrichs der Fassade haften blieb. Ich bin vor Begeisterung fast von der Leiter gefallen, als ich realisierte, dass ich den lang gesuchten blühenden Spalier für das Modell von → *Schloss Prangins* in den Händen hielt!

Montagezeichnung auf Karton für das Spaliergestell. Dieses musste der Feinheit wegen nicht aus Holz sondern aus Messing hergestellt werden.

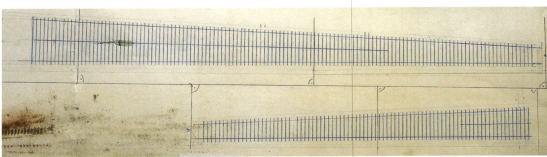

Tannen

Als Stämme eignen sich Haselruten, weil sie gerade wachsen und einfach zu bearbeiten sind. Für die perfekte Modelltanne werden Ästchen in vorgebohrte Löcher eingeleimt. Anschliessend wird auf den Stamm eine knapp noch streichbare Masse aus Lehm, Leim und Farbpigmenten aufgetragen. Beim Eintrocknen entstehen kleine Risse, die dem Stamm erst die Struktur von Tannenrinde verleihen.

Durch Zufall entdeckte ich das Material für die Äste der Tannen: In einer Tischdekoration um die Weihnachtszeit steckte das passende Reisigzweiglein. Auf der Suche nach diesem Material bin ich im Dekorationshandel fündig geworden – es stammte aus Neuseeland, wo ich Jahre später auf einer Wanderung im Busch genau diese Pflanze entdeckte; ein kleines niedriges Bodengewächs.

Zufrieden mit dem Resultat war ich erst, als mir plötzlich der typische Duft von Tannenharz in die Nase stieg!

 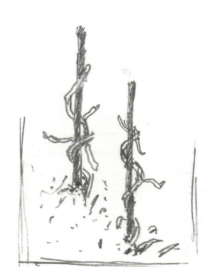

Rebbau

Für die Herstellung der Reben montierte ich Teile von Isländisch Moos an Reisighölzchen. Für die Weinranken mussten Teile davon herausgeschnitten, präpariert und geleimt werden.

Garten, Versuchsbeet

Hier ist Fantasie gefragt: Teile von Abwaschschwämmen bis zu Rasenteppichstücken – alles, was Gemüse ähnelt, wurde in den Garten von → *Schloss Prangins* eingesetzt! Grünliche Blüten formierten sich zu Salatreihen, zerzauster Filz in Streifen gepflanzt, mutierte in diesem Massstab zu Fenchel und Filz mit farbigem Streugut berieselt zum Blumenbeet.

Historische Modelle von Marius Rappo aus der Sicht des Architekturmodellbauers

Das Architekturmodell ist in erster Linie ein Bestandteil der Planung und ist mit einem historischen Modell nicht vergleichbar. Es ist zeitlich begrenzt und hat eine ganz andere Aufgabe zu erfüllen. Die Darstellungsart und der Massstab richten sich nach dem jeweiligen Bedarf des Modells. Ob es sich dabei um ein Wettbewerbs-, Situations-, Übersichts- oder Detailmodell handelt, die Darstellung ist immer sachlich und abstrakt.

Architekturmodelle zeigen eine Form, ein Volumen oder wie sich ein Haus oder ganze Gebäudegruppen in die bestehende Bausubstanz einfügen. Diese Modelle sind noch ohne Leben und Emotionen. Figuren und Miniaturen dienen lediglich dazu, Proportionen, Massstab oder Funktionsabläufe besser ablesen zu können.

Das ist der wesentliche Unterschied zu den historischen Modellen, welche Szenarien und Geschichten erzählen. Miniaturen, Vorgänge und Aufgaben werden in ihnen verständlich und lebendig dargestellt, sodass sie für den Betrachter nachvollziehbar werden und Emotionen wecken. Die Modelle von Marius Rappo sind ein Erlebnis. Die Genauigkeit und Ausführung, sowie die Szenarien sind hervorragend aufeinander abgestimmt, Matrialisierung und Farbgebung wirken nie kitschig.

So unterschiedlich Architekturmodelle und historische Modelle auch sind, in der Erarbeitung finden sich Parallelen, wie zum Beispiel das Umsetzen von Plänen und Daten, das Finden und Entwickeln von neuen Arbeitstechniken, das Aufbauen und Konstruieren des Modells, das Arbeiten mit verschiedensten Materialien und Werkzeugen, das präzise und sorgfältige Arbeiten und vieles mehr.

Architekturmodelle werden für die Zukunft und für die Gegenwart als Hilfe beim Entwerfen, Informieren, Planen, Überprüfen, Bauen und Verkaufen gebaut.

Wenn sie diesen Zweck erfüllt haben, werden sie oft in einem Abstellraum deponiert oder entsorgt. Nur wenige Exemplare überleben oder werden gar zu einem Museumsstück.

Historische Modelle dagegen informieren über die Vergangenheit und sind auch in der Gegenwart und Zukunft aktuell. Das Ziel jedes Modellbauers ist es, die optimale Umsetzung für das entsprechende Modell zu finden und die ihm gestellte Aufgabe für Auftraggeber wie auch Betrachter bestmöglich zu lösen. Dieses Ziel hat Marius Rappo als Modellbauer für historische Modelle jeweils hervorragend erfüllt.

Victor Fritz
Architekturmodellbauer

Über den didaktischen Wert von realen Modellen

Gedanken zum Modell eines römischen Contuberniums von Marius Rappo im Bezirksmuseum «Höfli», Bad Zurzach

Was fasziniert ein Kind mehr: eine Puppenstube, eine Spielzeugeisenbahn oder ein virtueller Ersatz mit allen digitalen Raffinessen? Was packt mich mehr: ein Rappo-Modell mit keltischen Goldwäschern, einer römischen Mannschaftsbaracke, einer mittelalterlichen Baustelle – oder ein aufwendig gestaltetes 3D-Modell, in welchem man als Spatz herumfliegen kann? Für mich ist es keine Frage: Es sind die realen Modelle, die Kinder wie Erwachsene gleichermassen faszinieren und viel unmittelbarer ansprechen. Hier kommt sich ein Kind als Riese vor, der sich über die kleine Welt wundert und dabei viele Entdeckungen machen kann. Ich erfahre immer wieder, welche Faszination vom Modell ausgeht, das Marius Rappo 1988 mit Akribie und viel Liebe zum Detail geschaffen hat. Ich bin überzeugt, dass es gerade diese liebevoll gestalteten Einzelheiten sind, die den Funken zum betrachtenden Kind oder Erwachsenen springen lassen. Man kann sich Zeit nehmen, um das Gezeigte in Ruhe zu studieren. In einer 3D-Animation hingegen schwebt man in einer nüchternen Umgebung herum, die trotz raffiniertem Licht-Schattenspiel und Oberflächenstrukturen vergleichsweise künstlich und seelenlos wirkt.

Bei Führungen mit Schulklassen erweist sich das Modell eines römischen Contuberniums als ein hervorragendes didaktisches Hilfsmittel. Dinge, die im selben Raum als Originale zu sehen sind, werden im Modell in ihrem Kontext gezeigt. So wird es zum erklärenden Mittelpunkt der römischen Abteilung. Anhand des Modells lassen sich die Lebensumstände der einfachen Soldaten und die Unterschiede zu ihren Vorgesetzten aufzeigen. Die Kinder hören aufmerksam zu, während ihre Blicke über das Modell schweifen. Was ihre Faszination erhöht, ist die Tatsache, dass die meisten Gegenstände aus demselben Material geschaffen sind wie die Originale und dass zum Beispiel in den nur einige Millimeter grossen geschmiedeten Eisenschlössern an den Türen funktionierende Schlüssel stecken. Trotz der vielen Details lässt Rappo in seinen Modellen noch Spielraum für die Fantasie.

Ein reales Modell wird als das wahrgenommen, was es ist, während eine digitale 3D-Animation eine Wirklichkeit vorgaukelt, die es so vielleicht gar nie gegeben hat. Ich bin sehr glücklich, dass wir Marius Rappo mit der Herstellung dieses Modells betrauen durften. Seit nunmehr fast 30 Jahren versieht es seinen Dienst in alter Frische, es ist immer noch aktuell und frei von Vorführpannen wie System Error, verpasstem Update oder defektem Monitor. Ein virtuelles Modell wäre samt seiner Hardware schon längst auf dem digitalen Abfallhaufen gelandet.

Alfred Hidber
Museumsleiter

Logistik

Der Auftrag als Modellbauer war für mich immer erst dann erfüllt, wenn sich das Modell in seiner Vitrine am dafür vorgesehenen Platz befand. Transport und Einrichten gehörten folglich auch jeweils zu meinen Arbeiten – das Modell war erst dann wirklich «fertig», wenn sich der Deckel der Vitrine darüber geschlossen hat. Nicht nur die Modelle, sondern auch ihre Pflege musste ich ab da anderen überlassen. Dennoch habe ich bis heute zwei meiner Modelle vor Ort nachbetreut: Das Modell → *Rheinbrücke mit Pfahlramme* als einziges mechanisches Modell braucht dauerhaft ein Minimum an Service. Das Modell → *Schloss Prangins* wurde nach Jahren in einen stimmigeren Raum verlegt. Die Direktorin des Landesmuseums Prangins, Frau Helen Bieri Thomson, hat mich vorgängig zur Machbarkeit befragt und gleich angeboten, den neuen Raum darüber hinaus mit Material zum Bauprozess einzurichten.

Sonst aber brauchen meine Modelle keine weiteren Serviceleistungen – Materialien und Konstruktionen sind auf eine lange Lebenszeit ausgelegt.

Die Ablösung von den Modellen – an denen ich bisweilen ein Jahr lang oder länger gebaut hatte – war heftig. Ich war mir der starken Bindung nicht bewusst. Ein einschneidendes Erlebnis veränderte meinen «Abnabelungsprozess»: Durch widrige Umstände wurde ein Modell mit einiger Verspätung abgeliefert. Der entnervte Museumsabwart, der Transporteur und ich versorgten das Modell in die vorgesehene Vitrine, ich wurde kommentarlos entlassen – und stand alleine, dem Zusammenbruch nahe, auf der Strasse. Das sollte mir nicht noch einmal passieren, und so organisierte ich seit da jeweils nach der Fertigstellung eine Vorbesichtigung in meinem Atelier. Diese Previews fanden grossen Anklang und gaben mir durch das Zeigen, Erzählen und das gemeinsame Betrachten die Möglichkeit, mich von meinem jeweiligen Modell zu verabschieden. Was für mich lebenswichtig war, wurde allerdings von den Auftraggebern nicht gern gesehen.

Die Arbeit an den Modellen hat mich phasenweise so stark beschäftigt, dass ich mich auch in der Nacht nicht richtig davon lösen konnte. Einmal aufgewacht, musste ich aufstehen und Notizen machen, damit an weiteren Schlaf überhaupt zu denken war. Jedes Mal haben mich die Arbeiten komplett vereinnahmt, auch wenn ich mir jeweils vorgenommen habe, es beim nächsten Mal etwas distanzierter anzugehen. Ungebrochenes Verständnis für meine Situation habe ich immer von meiner Frau Regula und meiner Tochter Luzia erhalten – dafür möchte ich den beiden an dieser Stelle noch einmal fest danken.

102
Transport und Platzierung

→ *Padnal*
→ *Habsburg*
→ *Schloss Prangins*

104
Dokumentation
→ *Padnal*

105
Pflege

→ *Breisach: Hauptwall*
→ *Ramme*

… Previews fanden grossen Anklang und gaben mir durch das Zeigen, Erzählen und das gemeinsame Betrachten die Möglichkeit, mich von meinem jeweiligen Modell zu verabschieden.

Transport und Platzierung

Falls notwendig, wurde das Modell für den Transport mit einer einfachen Verpackung geschützt. Die Organisation und Begleitung des Transports gehörten jeweils zu meinen Aufgaben, ebenso das Einbringen in die Vitrine im Museum. Bis heute finden sich im Depotraum des Atelierhauses Klingental Tragholme, die mir für verschiedene Modelle als Transporthilfe gedient haben. Sie wurden mit Schrauben am Unterbau befestigt, damit bei kleineren und leichten zwei, bei grossen vier Personen die Modelle bequem tragen konnten.

Bisweilen mussten die Modelle auch gekippt werden – Türöffnungen und Treppen waren oft zu eng. Spätestens in solchen Situationen hat sich herausgestellt, ob ich meinen Job als Leimer gut gemacht hatte, denn alle Bestandteile meiner Modelle sind fixiert! Das ist jedoch nicht allen Besitzern bewusst: Anlässlich der Reorganisation des Historischen Museums Basel habe ich einen Anruf erhalten, dass ich unbedingt beim → *Murus Gallicus* und dem → *Munimentum* die Figuren und Gerätschaften abbauen müsse, weil die Modelle gezügelt und dabei gekippt werden. Die Zuständigen waren froh, dass dieser Aufwand nicht nötig war.

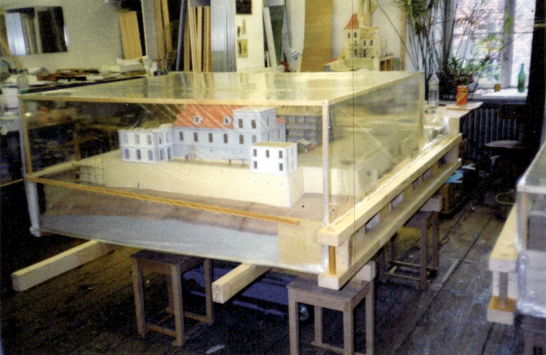

Instruktionen für Umgang und Handhabung der Modelle

Für → *Schloss Prangins* habe ich einen Montage/Demontage-Plan gezeichnet. Anhand von Zeichnungen illustriert er die entsprechende Vorgehensweise, und es lässt sich im Falle einer Änderung der Ausstellungssituation viel Zeit und Ärger ersparen damit.

Ein Exemplar ist bei der Museumsverwaltung deponiert – ein zweites befindet sich im Unterbau des Modells selber, im Hohlraum bei den Montagelöchern.

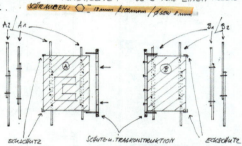

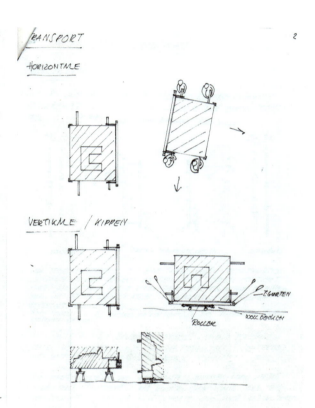

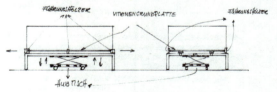

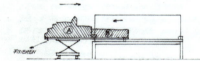

Dokumentation

Sobald die Modelle fertiggestellt waren, liess ich sie jeweils von einem Fotografen aufnehmen. Als bester Kenner der eigenen Modelle war es für mich selbstverständlich, auch diese Arbeit zu begleiten: Wichtige Details und interessante Blickwinkel konnte ich dem Fotografen aufzeigen. Glücklicherweise liessen sich die meisten Auftraggeber von der Nützlichkeit dieser Dokumentationen überzeugen und übernahmen die Kosten. Ohne dieses reichhaltige Bildmaterial wäre weder der MODELLrappoRT noch die begleitende Ausstellung zustande gekommen.

Das Atelier wird zum Fotostudio
→ *Breisach: Hauptwall*

Der Schöpfer in seiner Welt im Kleinen
→ *Schloss Prangins*

Uhu vor Lampen-Vollmond
→ *Padnal*

Pflege

Service beim beweglichen Modell und Reparatur

Nachdem die → *Ramme* umplatziert war und eine neue Vitrine bekommen hatte, ist ein «Modell-Arbeitsunfall» passiert: Ein Zugseil hat sich verheddert, Teile vom Brückengeländer mitgerissen und Pferde zu Fall gebracht. Selbstverständlich bin ich ausgerückt, um den Schaden an der Unfallstelle zu reparieren. Ebenso musste ich bei einem Besuch im Historischen Museum Basel feststellen, dass die Ramme nicht mehr in Betrieb war. Mir wurde erklärt, dass dies schon über ein Jahr der Fall sei – und weil der Erbauer gestorben sei, könne niemand das Modell reparieren. Der Abwart war sehr erfreut, mich lebendig vor sich zu haben – einige Tage darauf brachte ich das Modell mit einem Tropfen Öl wieder zum Laufen.

Aber auch für dieses Modell habe ich ein Dossier mit Zeichnungen und einem Beschrieb für die Reparatur- und Unterhaltsarbeiten angefertigt. Ein Exemplar davon befindet sich in einem Fach auf der Rückseite des Modells. Dort finden sich auch Ersatzmaterial wie Zugseil und Stoppbürstchen sowie ein Satz Spezialwerkzeuge.

Die → *Ramme* als einziges mechanisches Modell braucht dauerhaft ein Minimum an Service.

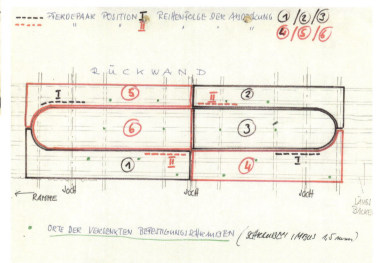

Fundus

In den 20 Jahren meiner Modellbautätigkeit hat sich viel Material angesammelt. Obwohl ich seit mehr als 16 Jahren keine Modelle mehr baue und dieses Material letztendlich nur für mich einen grossen Wert darstellt, konnte ich mich bis jetzt nicht davon trennen. Für diese Publikation durfte es wieder ans Tageslicht – wie gut, dass ich in der Zwischenzeit nichts entsorgt habe! Die folgenden Seiten lassen erahnen, wie umfangreich das Materiallager doch bis heute geblieben ist.

Ich habe mich oft gefragt, wieso ich all das Material über so viele Jahre aufgehoben habe. Möglich war es nur, weil ich über 50 Jahre nie umgezogen bin mit meinem Atelier. Jetzt, mit meinem abschliessenden Projekt MODELLrappoRT macht alles wieder Sinn!

108
Schubladenschrank

109
Stulpschachteln

110
Tablar-Regal

111
Schubladenkorpus

Jetzt, mit meinem abschliessenden
Projekt MODELLrappoRT macht alles
Aufbewahren wieder Sinn.

Schubladenschrank

Im Schubladenschrank finden sich vor allem Reste von Versuchen, Prototypen und Gegenstände, die teilweise oder gar nicht in den Modellen eingesetzt wurden.

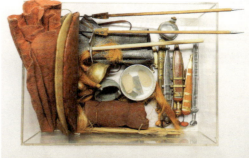

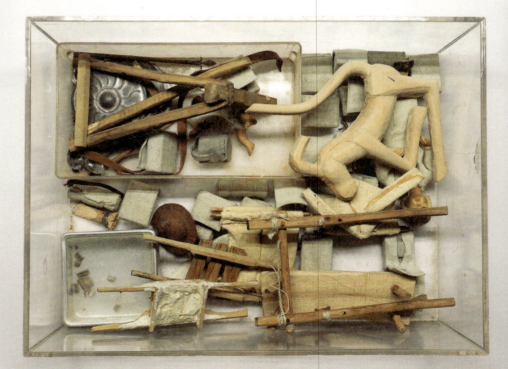

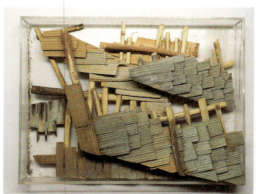

Stulpschachteln

In den Stulpschachteln lagern Gussformen, Restgüsse, Materialversuche und Proben, sowie die komplette Materialsammlung. Diese Fülle habe ich eingelagert, um Einzelnes im richtigen Moment verwenden zu können.

Ein Versuch der Auflistung:
- Erdmaterial in verschiedenen Färbungen
- Sand und Kies in allen Körnungen und Grössen
- Streugut aus Sägespänen, Holzmehl, Schleifpulver
- Getrocknetes und zerkleinertes Laub und Blütenblätter – speziell getrocknete Holunderdolden und Zweige von der wilden Rebe
- Verschiedene Hölzer in allen möglichen Zuständen
- Kaffeepulver
- Mäuseknochen
- Bartstoppeln von PiRo Autenheimer

Tablar-Regal

Im Tablar-Regal lagert vor allem das Kleinbaumaterial. Geordnet habe ich das Holz nach den Kriterien rund, vierkant, dick, dünn, flach …

Schubladenkorpus

Im kleinen Schubladenkorpus findet sich das ganze Restmaterial zu → *Schloss Prangins*.

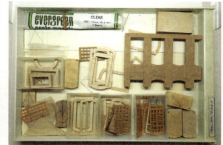

Neben einer ansehlichen Menge an Modellmaterial beherbergen diverse Ordnerschachteln Dokumente. Korrespondenz mit den wissenschaftlichen Begleitern, fachliche Dokumentationen und Abrechnungsunterlagen sind seit 20 Jahren gut archiviert. Dank diesem reichen Fundus konnte das MODELLrappoRT-Team diese Publikation entwickeln und herausgeben.

Autorenangaben

Marius Rappo wurde 1944 in Schmitten (FR) geboren. Nach einer Lehre als Vermessungszeichner besuchte er 1964 die Malklasse der Kunstgewerbeschule Basel. Seit 1967 arbeitet Marius Rappo im eigenen Atelier in der Kaserne und lebt auch in Basel.

Zwischen 1979 und 1998 sind parallel zur künstlerischen Tätigkeit 18 historische Modelle für Museen in der Schweiz und in Deutschland entstanden, ab 1999 stehen die Themen Raum, Raumillusion, Einblick, Durchblick Raster und Abwicklung im Zentrum der künstlerischen Arbeit. Dazu sind vor allem Zeichnungen, Skulpturen und Holzschnitte entstanden.

Martina Desax ist promovierte Kunsthistorikerin mit Schwerpunkt Architektur.

Sie recherchiert, konzipiert und schreibt freiberuflich und unterstützt den MODELLrappoRT seit 2015.

Regula Rappo-Raz ist Lehrerin für bildnerisches Gestalten, Sprache und Werken. Als Partnerin von Marius Rappo begleitete sie viele Modellbauprojekte und erlebte die intensiven Auseinandersetzungen und Arbeiten am Modell hautnah.

Der Herausgeber hat sich bemüht, sämtliche Copyright-Inhaber ausfindig zu machen und ihr Einverständnis zum Abdruck einzuholen. Falls Copyright-Inhaber übersehen wurden, bitten wir die Betroffenen, sich mit dem MODELLrappoRT-Team in Verbindung zu setzen.

Bildnachweis

Sämtliche Aufnahmen für diese Publikation wurden von Marius Rappo, Basel, fotografiert. Davon sind folgende Abbildungen ausgenommen:

Historisches Museum, Basel
    Jahresbericht 1921, Seite 12
    Fotograf: Humbert und Vogt, Basel, Seiten 40–41
    Fotograf: Peter Heman, Basel, Seite 43
Staatsarchiv Basel-Stadt
    BILD Wack. C 112, Seite 13
    SMM Inv. 1976.46, Seite 42, Mitte
    Planarchiv C4,111, Seite 42, unten
Rätisches Museum Chur
    Fotograf: Claude Giger, Seiten 35, 44–45, 104

Bezirksmuseum «Höfli», Bad Zurzach
    Fotograf: Claude Giger, Seiten 46–47
Museum für Stadtgeschichte, Breisach am Rhein (D)
    Seiten 16–17
    Fotograf: Claude Giger, Seiten 48–53, 104
Generallandesarchiv Karlsruhe (D)
    G Baupläne Staufenberg 1, Seiten 19 und 63
    G Baupläne Staufenberg 3, Seite 62
Wein- und Heimatmuseum Durbach (D)
    Helmut Bender, Karl-Bernhard Knappe,
    Klauspeter Wilke: Burgen im südlichen Baden,
    Freiburg, 1979, Seite 19
    Fotograf: Claude Giger, Seite 35
Schweizerisches Nationalmuseum, Zürich und Prangins
    Seiten 20, 71, 104
    Fotograf: Claude Giger, Seiten 54, 56–59, 104
    Fotograf: Serge Hasenböhler, Seiten 33, 34, 64–70
Erinnerungen an den ländlichen Alltag, 22 Miniatur-Modellle von Christian Sigrist, Katalog, 1984
    Fotograf: Fredy Burkhart, Altdorf, Seite 49 oben rechts
Andres Furger und Felix Müller, Gold der Helvetier: Keltische Kostbarkeiten aus der Schweiz, Ausstellungskatalog, Schweizerisches Landesmuseum, Eidolon, Zürich
    Seite 59 unten rechts
Zdravko Marić, Depo pronađem u ilirskom gradu Doars. Glasnik Sarajevo, Arheologija N.S. 33, 1978, 23–113
    Seiten 60–61
Fritz Kress, Der praktische Zimmerer, Otto Maier Verlag Ravensburg 1940, Bild 192
    Seite 70, oben links
L'Encyclopédie Diderot et D'Alembert, Planches et commentaires présenteés par Jacques Proust, Comité National du Bicentenaire Diderot, Hachette, Paris, 1985 Planches 182, 183, 205
    Seiten 48, 69, 84
Jahrbuch Schweiz. Ges. f. Ur- u. Frühgesch. 64, 1981, Seite 127, Stefanie Martin-Kilcher: Das keltische Gräberfeld von Vevey VD
    Seite 57, unten Mitte
Albert Spycher, Rheingold – Basel und das Gold am Oberrhein, GS-Verlag, 1983, Seite 41, Xylographie Charles Grad, L'Alsace, Paris 1899
    Seite 56, oben links
La science des ingenieurs dans la conduite des traveaux et de fortification et d'architecture civile, Bernard de Belidor, Chez Pierre Gosse Junior, 1754 Livre 3, fig. 1, fig 2, page 64, Profil d'un revêtement bâti sur pilots
    Seite 48
 Livre 4, plan 24, page 58
    Seite 52

Dank

Modelle 1979–1999 Mein Dank geht zuallererst an Rudolf Moosbrugger-Leu. Der ehemalige Lehrer war als Kantonsarchäologe in Basel tätig, und er war es, der mich bei unserer Begegnung in Rom zu dieser Art von Modellbau gebracht hat. Ruedi und seine Frau Gret sind bereits seit Längerem verstorben, sie hätten sich sicher mit mir gefreut, dass diese Publikation entstehen konnte.

Dann gilt mein Dank den Auftraggebern der Modelle und den jeweiligen wissenschaftlichen Begleitern. Ohne deren Kenntnisse, Recherche- und Dokumentationsarbeiten wäre ich nicht weit gekommen. Alle diese Personen werden im Buch bei den diversen Modellthemen erwähnt.

Im Buch nicht explizit aufgelistet sind die Frauen und Männer, welche in zeitlichen Engpässen mitgearbeitet haben. Sie möchte ich hier nennen: Robert Erb, Zeichnungslehrer; Sacha Schneider, Goldschmied; Maria Meyer, Studentin; Raphael Schicker, Goldschmied; Anita Hede, Künstlerin. Ich danke ihnen für ihren Einsatz, der manchmal wenige Tage, manchmal einige Monate gedauert hat.

Besonders danken möchte ich meinen Künstlerkollegen im Atelierhaus Klingental in Basel:

Corsin Fontana, mein Nachbar auf der linken Seite, ihn konnte ich bei gestalterischen Unsicherheiten holen, und das Gespräch mit ihm führte jeweils zu guten Lösungen. Mein damaliger Nachbar rechts war Serge Hasenböhler, er hat als Fotograf meine letzte Modellbauarbeit, Prangins, begleitet.

Einen grossen Dank spreche ich dem Künstlerkollegen PiRo Autenheimer aus. Er ist verstorben, doch für mich unvergessen bleibt, wie er mich während der verschiedenen Modellbauzeiten gern und oft besuchte und immer etwas zu hinterfragen hatte, sein kritisches Auge war unbestechlich.

Ich danke dem Kunsthistoriker, Hans Peter Wittwer, er war einige Monate im Atelier von Serge Hasenböhler zu Gast und hat mich in einer sehr schwierigen Bauphase beim Modell Prangins unterstützt und «aufgefangen». Es freut mich, dass er nun auch bei dieser Publikation mitgearbeitet und dazu die Einführung verfasst hat.

Die Zeiten, in denen ich mit dem Modellbau beschäftigt war, bedeutete für meine Familie eine Herausforderung, da ich mit meinem ganzen Wesen in das Thema eintauchte. Meine Frau Regula gestand mir jede zeitliche Freiheit zu und meinte: Marius hat wieder ein Verhältnis mit einem Modell – zum Glück eines mit zwei ll!

Ich danke Regula und unserer Tochter Luzia, die in diesen Momenten etwas auf mich verzichten mussten und immer viel Verständnis dafür zeigten.

Buchprojekt 2015–2018

Schon am Ende meiner Modellbautätigkeit, 1999, schwebte mir eine Publikation vor, in der all meine Modelle porträtiert sind. Die Idee konnte ich damals nicht umsetzen, es brauchte den Anstoss von aussen, die Kündigung meines Ateliers. Jetzt wollte ich ein Buch über meine Modelle machen.

Viele Menschen haben mich von Anfang an und bis zum Erscheinen des Buches darin unterstützt. Dazu gehören meine Familie, meine Freunde und Freundinnen und meine Künstlerkollegen im Atelierhaus.

Ich danke Regula, die seit Beginn überzeugt war vom MODELLrappoRT, und ich danke Martina Desax, die ihre Kenntnisse und ihre Erfahrung in das Projekt eingebracht hat und quasi zu meiner Ghostwriterin wurde. Ohne diese beiden Frauen wäre das Buch Traum geblieben.

Ich danke allen Spenderinnen und Spendern, die grosszügig mitgeholfen haben, dass aus dem Traum eine bibliophile Ausgabe geworden ist, namentlich Daniel und Lea Wenk Rappo, Vreni und Hans Richner, Sabine und Uwe, der Familie Blumer Fricker, Margrit Wenger, Sonja und Roger Bänninger, Annegret und Christoph Schneider, Andreas Guth und all den vielen Unterstützenden und Interessierten.

Dass das Buch so geworden ist, wie es jetzt vorliegt, dafür danke ich den beiden Grafikern Thomas Dillier und Beat Roth für die konstruktive und kreative Zusammenarbeit und dem Lithografen Fredi Zumkehr für die sorgfältige Aufbereitung der Bilder.

Luzia Rappo hat mich kompetent unterstützt in der Herstellung des Pop-up's, merci!

Danken möchte ich auch für die thematischen Beiträge von Andres Furger, Hans-Peter Wittwer, Christoph Jäggy, Alfred Hidber, Martin Hicklin, Viktor Fritz und Jürg Rageth.

Ein grosses Dankeschön geht nach Bern zu Matthias Haupt vom Haupt Verlag, er war von Anfang an begeistert, hatte Vertrauen in den MODELLrappoRT und nahm uns in sein Programm auf.

Ich danke den Museen, welche ihr Interesse am Projekt MODELLrappoRT bekundeten und durch Freigabe der Rechte mit zum Gelingen beitrugen.

Herzlichen Dank allen, die in irgendeiner Form beim Buchprojekt MODELLrappoRT mitgeholfen und mitgearbeitet haben.

Marius Rappo

Das Buchprojekt wurde unterstützt durch:
Bürgergemeinde der Stadt Basel
Frey-Clavel-Stiftung
E. Gutzwiller & Cie, Banquiers
Claire Sturzenegger-Jeanfavre Stiftung
Swisslos-Fonds Basel-Landschaft
Swisslos-Fonds Basel-Stadt

Impressum

1. Auflage 2018

Bibliografische Information der Deutschen Nationalbibliothek: Die Deutsche Nationalbibliothek verzeichnet diese Publikation in der Deutschen Nationalbibliografie; detaillierte bibliografische Daten sind im Internet über http://dnb.dnb.de abrufbar.

Copyright © 2018 Haupt Bern

Alle Rechte vorbehalten; kein Teil dieses Werkes darf in irgendeiner Form ohne vorherige schriftliche Genehmigung des Verlags reproduziert oder unter Verwendung elektronischer Systeme verarbeitet, vervielfältigt oder verbreitet werden.

Gestaltung und Layout: Bureau Dillier,
 Thomas Dillier und Beat Roth, Basel
Druck: Eberl Print GmbH, Immenstadt
Bindung: Josef Spinner Großbuchbinderei GmbH,
 Ottersweier
Schriften: Theinhardt, Warnock

Der Haupt Verlag wird vom Bundesamt für Kultur mit einem Strukturbeitrag für die Jahre 2016–2020 unterstützt.

ISBN 978-3-258-08062-8
www.haupt.ch

Printed in Germany